U0739811

紫图图书 出品

PLATO
APOLOGY OF SOCRATES

苏格拉底
的申辩

[古希腊] 柏拉图 著　　方俊彦 译

江西人民出版社
Jiangxi People's Publishing House
全国百佳出版社
· 南昌 ·

图书在版编目（CIP）数据

苏格拉底的申辩 /（古希腊）柏拉图著 ; 方俊彦译.
南昌 : 江西人民出版社，2025. 8. -- ISBN 978-7-210
-16726-6

Ⅰ. B502.231

中国国家版本馆 CIP 数据核字第 2025RM9976 号

苏格拉底的申辩
SUGELADI DE SHENBIAN

[古希腊] 柏拉图　著
方俊彦　译

策　　　划：梁　旭
责 任 编 辑：王志能
监　　　制：黄 利 万 夏
营 销 支 持：曹莉丽
特 约 编 辑：高　翔
装 帧 设 计：紫图图书 ZITO®

江西人民出版社
Jiangxi People's Publishing House
全国百佳出版社　出版发行

地　　　址：江西省南昌市三经路 47 号附 1 号（邮编：330006）
网　　　址：www.jxpph.com
电 子 信 箱：jxpph@tom.com weh@jxpph.com
编辑部电话：0791-86891727
发行部电话：0791-86898815
承 印 厂：艺堂印刷（天津）有限公司
经　　　销：各地新华书店

开　　　本：880 毫米 ×1230 毫米　1/32
印　　　张：5.5
字　　　数：92 千字
版　　　次：2025 年 8 月第 1 版
印　　　次：2025 年 8 月第 1 次印刷
书　　　号：ISBN 978-7-210-16726-6
定　　　价：55.00 元
赣版权登字 -01-2025-478

版权所有　侵权必究
赣人版图书凡属印刷、装订错误，请随时与江西人民出版社联系调换。
服务电话：0791-86898820

*

未经审视的人生不值得过。

* * *

PLATO

PLATO

RAPH. SANCT. Vrb. pinxit in aed. Vatic.

柏拉图

柏拉图（公元前 427 年—公元前 347 年），是古希腊古典时期的哲学家，也是整个西方文化中最伟大的哲学家和思想家之一。柏拉图和老师苏格拉底、学生亚里士多德并称为"古希腊三哲"。柏拉图的著作大多为对话录形式，其中绝大部分都有苏格拉底出场。值得注意的是，且苏格拉底的形象并不完全是历史上真实存在的苏格拉底，尤其是在中晚期对话录中，苏格拉底的形象更多体现了柏拉图自己的哲学观点。

苏格拉底之死

公元前399年，70岁的苏格拉底因被控不敬神和败坏雅典青年，被判服毒自尽。画中所描绘的就是苏格拉底服毒自杀的情景。一位中年男子伸手按住苏格拉底的左腿，有研究者认为这是苏格拉底的朋友克力同，还有一位较为年长的人同样身穿白袍坐在床尾，身体前倾，目光低垂，研究者认为这是柏拉图，但柏拉图当时病了，并不在场。其中一名女性显出悲伤的表情，做出告别的手势，这是苏格拉底的妻子。

《雅典学院》

　　《雅典学院》是意大利画家拉斐尔创作的一幅湿壁画。他打破时空界限，将 50 多位不同时代的哲学家、艺术家、科学家会聚一堂。画面的中心是柏拉图和亚里士多德。在柏拉图左边，他的老师苏格拉底身穿绿袍，转身向左掰着手指与人辩论着。苏格拉底的旁边是历史学家色诺芬，以记录当时的希腊历史、苏格拉底语录而著称。在色诺芬左边的是苏格拉底的弟子安提西尼，犬儒学派的创始人。

苏格拉底在法官前的申辩

公元前399年，雅典法庭以不虔诚和腐蚀青年思想的罪名审判苏格拉底。柏拉图以此为背景创作了《申辩篇》，这是早期记载苏格拉底审判过程并为其辩护的重要作品之一。《申辩篇》具有高度的文学性，但其是否真实还原了苏格拉底的生活与思想，仍然存在较大争议。

苏格拉底与阿尔西比亚德斯

　　法国画家弗朗索瓦·安德烈·文森特在这幅画中描绘了古希腊历史上的两位杰出人物。身披鲑鱼色斗篷的盔甲人是雅典的政治家、将领——阿尔西比亚德斯，他在伯罗奔尼撒战争中背叛雅典且犯下了战争错误。另一位身穿蓝白相间衣物的男人是苏格拉底。他试图通过哲学引导阿尔西比亚德斯追求美德，但未能成功。

波提狄亚战役

　　波提狄亚战役发生在伯罗奔尼撒战争初期。交战双方是雅典及其盟友与科林斯支持的波提狄亚。雅典派1000名重装步兵和30艘舰船前去镇压叛乱，随后又派去2000名重装步兵和10艘舰船围攻。科林斯则派2000名步兵驰援。波提狄亚虽有外援仍遭惨败，遂闭关不出，最后波提狄亚被迫投降。雅典军队对波提狄亚的长期围困成为第二次伯罗奔尼撒战争的导火线之一。在这场战斗的退伍军人中有苏格拉底，他在那里挽救了阿尔西比亚德斯的生命。

苏格拉底反诘法

　　苏格拉底反诘法在西方哲学史上是最早的辩证法形式，包括讽刺（以提问的方式揭露对方提出的各种命题、学说中的矛盾，以动摇对方论证的基础，指明对方的无知）、催生（启发、引导对方通过自己的思考，得出结论）、归纳和定义（逐步掌握明确的定义和概念，最终达到对问题的深入理解）等步骤。苏格拉底认为哲学家和教师的任务并不是要臆造和传播真理，而是要做一个新生思想的"产婆"，因此他的方法也被称为"助产术"。

苏格拉底与古希腊哲学

　　苏格拉底是西方哲学的奠基者，他的思想和行为对于当时的古希腊社会产生了深远的影响。在苏格拉底之前，希腊的哲学主要研究宇宙的本源是什么，世界由什么构成等问题，后人称之为"自然哲学"。苏格拉底把哲学从研究自然转向研究自我，即后来人们所常说的"使哲学从天上回到了人间"，他改变了哲学问题的焦点，因此在哲学史上具有伟大的意义。

目　录

导 读

━━━━━━━━━━━ ◦◦◦◦◦ ━━━━━━━━━━━

　　柏拉图的《申辩篇》与历史上苏格拉底真实的辩护之间有怎样的关系，我们无从判断；就语调和特征来看，它确实与色诺芬的描述是一致的。色诺芬在《回忆苏格拉底》中说："如果苏格拉底能在某种程度上迎合法官的喜好，就可能被判无罪。"他在另一段话中告诉我们，根据苏格拉底的朋友赫摩杰尼斯的证词，苏格拉底并不想活下去，为自己找一些理由辩护；苏格拉底自己也声称，他一生都在为那一刻做准备。这篇演讲自始至终都透着一种蔑视的精神；而不拘一格且随意的风格则模仿了苏格拉底"在集市和市场摊位前"说话时的"习惯方式"。《克力同》中的典故或许可以作为进一步的证据。但总的来说，必须把它看作是柏拉图心目中理想的苏格拉底，出现在他一生中最伟大、最公开的时刻；此时他最脆弱，但对人类的掌控力却最强；他惯用的反讽在死亡面前获得了新的意义和一种悲剧性的悲怆。在辩护过程中，他的生平事迹被总结出来，他的性格特征也似乎被偶然地揭示出来。娓娓道来的对话方式、看似毫无章法的结构安排、朴实无华的反讽，最终形成了一幅完美的艺术作品，这就是苏格拉底的肖像。

然而，苏格拉底可能确实使用过其中的一些主题，他的弟子可能还记得他说过的话。柏拉图的《申辩篇》一般会与修昔底德的演说相比较，修昔底德在这些演说中体现了他对伟大的伯里克利的崇高品格和政策的理解，同时从历史学家的角度对当时的局势进行了评论。因此，在《申辩篇》中，有一种理想而非字面意义上的真实；许多话是苏格拉底没有说过的，只是柏拉图对当时情况的看法。柏拉图不像色诺芬那样，是一个事实的记录者；在他的任何著作中，他似乎都不追求字面的准确性。因此，我们不能把《回忆苏格拉底》《会饮篇》对照《申辩篇》来看，因为色诺芬与柏拉图属于不同类型的作家。柏拉图的《申辩篇》不是苏格拉底言论的报告，而是精心创作的作品，实际上与对话录一样。我们甚至可以幻想，苏格拉底的实际辩护比柏拉图的辩护要更伟大些，就像师父比弟子伟大一样。但无论如何，他说过的一些话肯定是记得的，记录的一些事情肯定是真实发生过的。值得注意的是，据说柏拉图出席了辩护（《申辩篇》），但在《斐多篇》的最后一幕中又被说成缺席。假设他的本意是要给其中一个段落而不是另一个段落赋予真实的印记，这是否显得过于幻想？尤其是当我们考虑到这两个段落是柏拉图唯一提到他自己的段落时。柏拉图是苏格拉底提议的支付罚金的担保人之一，这一情况似乎是真实的。更令人怀疑的是，苏格拉底是否真的因为受到德尔斐神谕的启发，才开始从事他最喜欢的诘问世人的事业？因为他一定是在凯瑞丰请教神谕之前就已经成名了，而且这个故事很可能是编造出来的。总体而言，我们得出的结论是，《申辩篇》真实地反映了苏格拉底的性格，但我们无法证明其中的任何一句话确实是他说的。它散发着苏格拉底的精神，但已被柏拉图重新铸造。

在其他对话中，能与《申辩篇》相提并论的并不多。柏拉图在《理想国》中描绘正义者的苦难时，脑海中可能也有对苏格拉底同样的回忆。《克力同》也可以看作是《申辩篇》

的一种附录，其中苏格拉底蔑视法官，却被描绘为严格遵守法律。在《高尔吉亚篇》中，受难者的理想化被进一步推进，其中坚持的论点是"受苦胜于作恶"；修辞艺术被描述为只对自责有用。在色诺芬的《申辩篇》中出现的相似之处不值得一提，因为其中包含的文字显然是伪造的。《回忆苏格拉底》中关于苏格拉底受审和死亡的陈述大体上与柏拉图一致；但在色诺芬的叙述中，失去了苏格拉底讽刺的独特韵味。

《苏格拉底的申辩》或《柏拉图为苏格拉底的辩护》分为三个部分：第一部分，严格意义上的辩护词；第二部分，为减轻刑罚所作的简短演说；第三部分，最后带有预言性质的训斥和劝诫。

第一部分，他首先为自己口语化的表达而道歉；他声称一向不喜修辞，除了真理之外，他不懂任何修辞学，更不会通过演讲来伪造自己的人格。接着，他将指控者分为两类：第一类是非正式的指控者——大众意见。这些人从早年起就听说苏格拉底败坏青年人，也都看过阿里斯托芬在喜剧《云》中对他的描述。第二类是正式的指控者，但他们不过是其他人的传声筒。两者的指控可概括如下：第一批人说:"苏格拉底是一个作恶者、一个怪人,无论是天上的,还是地下的,他都要去调查;他让较弱的说法看起来更有说服力,还拿这些去教导别人。"第二批人说:"苏格拉底是个恶棍,是败坏青年的人,他不崇拜国家所奉的神,反而宣扬其他的新神。"最后这几句似乎是实际公诉中的话(参见色诺芬的《回忆苏格拉底》);而前面几句是对公众意见的总结,采用同样的法律程式。

答辩首先澄清的是一个容易混淆的误会。在喜剧诗人的笔下,以及在大众的观点中,苏格拉底一直被认为是自然哲学家和智者,这显然是错误——他虽在公开场合中对这两类人都表达了尊敬,但他却不是这两类人之一。苏格拉底明确表示他对自然哲学(而非广义的自然科学)一无所知。这并非出于对这种研究的轻视,而是因为他确实对此毫无了解,也从未发表过任何相关言论。他也没有因为授课而得到报酬,这是另一个误会;他虽然没有什么可教的,却称赞欧埃洛斯以五米纳这样"适中"的价格传授美德,这里隐含着一种苏格拉底惯用的讽刺语气,或许并未被大众察觉。

他进而解释了自己背负如此恶名的原因,这一切源于他承担的一项特殊使命。热心的凯瑞丰（可能预料到他将得到这样的回答）曾向德尔斐神庙求问，是否有比苏格拉底更智慧的人；德尔斐神庙传达的神谕回答说没有。苏格拉底宣称，自己因此感到困惑，因为他一无所知，却被神谕称为是最有智慧的人。他思考着这个答案，决定找到"一个更智慧的人"来反驳它；他首先去拜访了政治家，然后又拜访了诗人，最后拜访了工匠，却得出同样的结论。他发现他们什么都不知道，或者说知道的并不比自己多；在某些情况下，他们拥有的微小优势被他们的自负所抵消。他什么都不知道，也不自以为知道；他们知道的很少或什么都不知道，却自以为无所不知。因此，他的一生就像一个传教士，揭露冒充有智慧的人；这个职业让他全神贯注，使他既没有时间去关心任何公共事务，也没有时间去关心自己的事情。富裕阶层的年轻人以此为消遣，认为"这不失为一种乐趣"，于是也开始这样做，从而让苏格拉底结下了更多的敌人；他们为了报复，称苏格拉底是误导青年的恶棍，并重复着如无神论、唯物主义和诡辩术等老生常谈的话题，这些都是对所有哲学家惯常的无理指控。

对于第二项指控的回应，他质问在场的莫勒图斯："如果他败坏了青年人，那么谁让青年人变得更好？"莫勒图斯说除了苏格拉底，每个雅典人都让年轻人得以改善。但这是多么荒谬，又多么有违常理！他既与国人相处，却让他们变得更坏，这也多么匪夷所思。这肯定不是故意的；但如果是无意的，他应该接受莫勒图斯的教导，而不是在法庭上被指控。

起诉书另一部分说他教导青年不承认城邦尊奉的神，反而宣扬其他的新神。"这就是他败坏青年人的方式吗？""是的，就是这样！""他只是尊奉新神，还是不信有神？""不信有神。""什么，甚至不信日和月是神吗？""是的，他说太阳是石头，月亮是泥土。"这是再次将他的观点与阿那克萨戈拉的混淆，雅典人还不至于无知到把那些在戏剧中找到的、可以在剧院里学到的观念归因于受到苏格拉底的影响。苏格拉底试图证明，莫勒图斯（相当无理地）在这部分控诉中一直试图编造一个谜语："苏格拉底不相信有神，却相信有神的子嗣，这是荒谬的。"

莫勒图斯已经说得够多了，他撇开莫勒图斯，回到最初的指控。也许有人会问：他为什么要坚持从事一个会送命的职业呢？为什么？因为他必须坚守在神安排的岗位上，正如他坚守在波提狄亚、安菲波利斯和德利昂的岗位上一样，这些地方是将军指派他前去的。此外，他还没有足够的智慧知道死亡到底是善的还是恶的；但他确信，放弃职责是一种罪恶。阿努图斯说得很对，如果他们打算放过他，就不会起诉他。因为他一定会服从上帝，而不是人；他会继续向所有时代的人宣讲美德和进步的必要性；如果他们不听他的话，他也会坚持不懈地责备他们，这就是他败坏青年人的方式，即使等待他的是千刀万剐，他也绝不违背神的旨意。

他希望他们能放了他，不是为了他自己，而是为了他们；因为他是神赐予他们的朋友（他们再也不会有第二个这样的朋友了），或者，也可用戏谑的方式，说他是一只牛虻——一只能让庞大而迟缓的骏马重新焕发活力的牛虻。不过，为什么他从未参与过公共事务呢？因为一种神谕或征兆阻止了他；如果他把公事当成职业，始终坚持正义，他就无法存活，因而也无法做任何好事。在公共事务中，他曾两次在公务上为正义冒着生命危险：一次是在将军们的审判中；

另一次是在抵抗"三十僭主"① 政权的暴虐命令时。

但是，尽管他不是一个公众人物，却在没有任何报酬的情况下教导国民，因为这是他的使命。无论他的弟子最终变好还是变坏，他都不能为此负责，因为他从未承诺过要教给他们任何东西。他们愿来便来，不来也罢；但他们确实来了，因为喜欢听那些自诩聪明的人被揭露。如果他们被蛊惑了，他们的父兄（如果不是他们自己）肯定会出庭作证反对他，而且仍然有机会出庭。可是，他们的父兄都出庭（包括在座的柏拉图）为他作证。如果他们的子弟被蛊惑了，至少他们本人没有被蛊惑，而他们倒是他的见证人，因为他们知道他说的是真话，莫勒图斯是个骗子。

这就是他所能提供的全部辩护了。他不会恳求法官们饶他一命，也不会把他哭泣的孩子带到法庭，尽管他也是人生父母养的。某些法官可能曾在类似的案件中采用过这种做

---

① 公元前 404 年，伯罗奔尼撒战争结束后，斯巴达在雅典扶持了一个由三十名雅典贵族组成的寡头政府，史称"三十僭主"。这个政府在斯巴达的支持下实行恐怖统治，大量雅典公民被杀害或流放，但其统治仅持续约八个月，最终于公元前 403 年被推翻，雅典恢复民主制度。

法，但他相信他们不会因为他没有效仿前人而生气。他认为，这种行为会有损雅典的声誉；他也知道法官曾发誓按照法律而不是按照自己的喜好作出判决；尤其是在他被控告不虔诚之时，他就更不能要求法官因违背誓言而犯下不虔敬之罪了。

他被判有罪，这样的结果没有出乎他的预料，甚至可能是他所希望的。在这之后，他的语气不仅没有变得更加温和，反而变得更加崇高且具有命令感。阿努图斯提议处以死刑，他提出用什么惩罚来代替死刑呢？他是雅典人民的恩人，一生都在为雅典人民造福，至少应该得到奥林匹亚运动会的胜利者的奖赏，在政府大厅用膳。他为什么还要提出替代的惩罚呢？因为他不知道阿努图斯提议的死亡是善还是恶，但他确信监禁是恶，流放是恶。损失钱财也许是恶，但他没有钱，或许能凑出一米纳；他的朋友们愿意的话，还可以给他三十米纳。

【他被判死刑】

雅典人剥夺了苏格拉底这位老人余下几年的寿命，只会让他们自己蒙羞。如果他肯屈膝乞命，或许还能逃过一劫。但他一点也不后悔自己的辩护方式；他宁愿按自己的方式而死，也不愿按他们的方式而生。因为不义的刑罚比死亡来得更快，他不久要被处死，控告者的惩罚即将接踵而至。

现在，作为一个即将死去的人，他向他们预言：他们以为杀了他就可以躲避审查，不交代犯下的罪行，但他的追随者只会用更严厉的语言责备他们，逼着他们承认自己的罪行，因为他们更年轻，也更激进。

趁现在还有时间，他想对那些本想宣判他无罪的人说几句话。他希望他们知道，在他辩护的过程中，神谕从来没有打断过他；他猜想，即将面临的死亡是善的而不是恶的。因为死亡要么是无梦的长眠（这显然是好事），要么就是灵魂转移到另一个世界。在那个世界里，他有望见到昔日的英雄，还有公正的法官；那里是不朽不灭的，也没有人因表达观点而被处死。

无论生前还是死后，好人都不会遭遇不幸；他的死也是众神允许的，因为这样对他更好；因此他原谅了他的法官，因为他们对他没有造成任何伤害，尽管也没有给他带来任何好处。

他向他们提出了最后一个请求：如果他的儿子们关心财富或任何事物胜过关心美德，或者在一无所知的情况下还自以为了不起，那么他们就要像他曾经烦扰过他们一样烦扰他的儿子们。

———

"很少有人希望苏格拉底以其他方式为自己辩护"，如果，正如我们必须补充的那样，他的辩护是柏拉图为他提供的辩护。抛开这个无法准确解决的问题，我们可以继续追问，柏拉图在《申辩篇》中意图给他的老师在最后一个重要场景中的性格和行为留下什么印象？柏拉图是否打算将苏格拉底表现为以下形象：（1）使用诡辩；（2）故意激怒法官。这些诡辩是否属于苏格拉底生活的时代和他个人的性格，而这种明显的傲慢是否源于他地位的高贵？

例如，当苏格拉底说一个人是青年的改良者，而世界上其他所有人都是青年的改良者，这种假设是荒谬的；或者，当他辩称他绝对不可能败坏与他生活在一起的人；或者，当他证明他对神的信仰是因为他相信神的儿子时，他是认真的还是在开玩笑？可以看出，这些诡辩都出现在他对莫勒图斯的诘问中，在这位伟大的辩证法家手中，莫勒图斯轻而易举地就被挫败和掌控了。也许他认为这些回答对他的指控者来说已经足够好了，而他对此并不在意。此外，这些答案还带有讽刺意味，使它们脱离了诡辩的范畴。

关于他为自己弟子辩护的方式并不令人满意，这一点几乎是无可否认的。在雅典人的记忆中，阿尔西比亚德斯、克里底亚、卡尔米德的名字还历历在目，对于刚刚恢复民主的雅典人来说，他们理应是可憎的。苏格拉底从未向他们传授过任何知识，因此对他们的罪行不负任何责任，这显然不是一个充分的答案。然而，如果从这种讽刺的形式中抽离出来，这种辩护无疑是合理的：他的教导与他们的恶行毫无关系。因此，这里的诡辩是形式上的，而非实质上的，尽管我们可能希望苏格拉底对如此严重的指控做出更严肃的回答。

苏格拉底的回答中另一个特征鲜明的观点也可能被视为诡辩。他说，如果他确实败坏了青年，那他一定是无意中败坏他们的。但如果，正如苏格拉底所论证的，所有的恶都是无意的，那么所有的罪犯都应该受到劝诫而不是惩罚。在这些话中，苏格拉底显然传达的是关于恶的非自愿性。和前一个例子一样，苏格拉底的辩护实际上是不真实的，但在某种理想或超验的意义上可能是正确的。苏格拉底在结束这一部分的辩护时，用了一个通俗的回答，即如果他犯有败坏年轻人的罪行，他们的亲属肯定会指证他，这个回答比较令人满意。

同样，当苏格拉底争辩说，他必须相信诸神，因为他相信有诸神之子时，我们必须记住，这不是对最初的控诉的反驳（最初的控诉是这样说的："苏格拉底不崇拜城邦所奉的神，反而宣扬其他的新神。"），而是对莫勒图斯的反驳，莫勒图斯声称他是一个彻头彻尾的无神论者。对此，苏格拉底根据当时的思想公正地回答说，一个彻头彻尾的无神论者是不可能相信有神之子或神圣的事物的，认为精灵或较低的神是神之子的说法是不应被讽刺或怀疑的。他是在根据他那个时代的神话观念进行"主观论证"。然而，他并没有说他相信国家认可的神灵，也没有像色诺芬那样，以自己信奉宗教为自己辩护。他可能既不完全相信，也不完全不相信民间诸神的存在；他没有去了解他们。根据柏拉图（参见《斐多篇》《会饮篇》）和色诺芬（《回忆苏格拉底》）的说法，他在履行最起码的宗教义务方面非常准时；而且他肯定相信自己的神谕，他似乎有一个内在的见证。但是，是否存在阿波罗、宙斯或国家认可的其他神灵，在他看来，与自我审视的责任以及他认为是宗教基础的真理和正义原则相比，既不确定也不重要。

第二个问题是，柏拉图是想表现苏格拉底故意激怒法官吗？答案也是否定的。他的讽刺、他的高高在上、他的胆大妄为，"不是针对人的人格"，必然是源于他的崇高境界。他不是在一个伟大的场合扮演一个角色，而是他一生的角色就是"人中之王"。如果可以避免，他宁愿不显得傲慢；他也不想加速自己的死亡，因为生与死对他来说根本无关紧要。但是，能够让他的法官接受并可能获得无罪释放的辩护，是他本性不愿意的。他不会说或做任何可能扭曲司法公正的事情；即使是"在死亡的喉咙里"，他也不能让自己的舌头沉默。他只会周旋于逗弄他的控告者，就像他一生中对其他

"青年导师"的态度一样，用他的诡辩回应这些诡辩者。当他谈到自己的使命时，他是严肃认真的。它源于一个偶然的事件，这似乎使他有别于其他所有的人类改革者。他致力于改善同胞的行为并不如他以讽刺的精神去做善事那样引人注目，这种善事仅仅是为了维护神谕的信誉，并怀着寻找比自己更智慧的人的徒劳希望。然而，他的使命具有的这种独特和近乎偶然的特征与我们认为的同样偶然和非理性的神圣标志相一致，尽管如此，他仍然将其视为自己生活的指导原则。苏格拉底在任何地方都不是自由思想家或怀疑论者。当他推测有可能在另一个世界看到和认识特洛伊战争中的英雄时，我们没有理由怀疑他的真诚。另一方面，他对不朽的希望是不确定的；他还认为死亡是漫长的沉睡（在这方面与《斐多篇》不同），最后又归结为对神意的顺从，以及好人在生死之间不会遭遇不幸的确信。他的绝对真实似乎阻碍了他做出更多的正面断言；他没有试图用神话和比喻来掩饰自己的无知。演讲前半部分的温文尔雅与结尾处激烈、近乎威胁的语气形成了鲜明对比。他很有特点地指出，他不会像修辞学家那样说话，也就是说，他不会像吕西亚斯或其他演说家可能为他撰写的那样，或根据某些说法，确实为他撰写的那样进行正式的辩护。但他首先用意在和解的言辞为自己争取听证的机会。他没有攻击智者，因为他们和他一样面临相同的指控；他们同样受到喜剧诗人的嘲弄，并且几乎同样受到阿努图斯和莫勒图斯的憎恨。然而，苏格拉底和智者之间的对立却偶然出现了。他贫穷而他们富有；他什么也不教，这与他们乐于教授一切相对立；他在集市上的谈话与他们私下授课相对立；他在家里的生活与他们从一个城市游荡到另一个城市的生活相对立。他对他们的语气既有真正的友好，也有隐藏的讽刺。对阿那克萨戈拉，他表现出一种不那么友好的感情，这也是柏拉图在其他段落（《法律篇》）中的感受。但是，阿那克萨戈拉已经死了三十年了，迫害已经无法触及他了。

据我们所知，关于新一代教师将以更严厉、更粗暴的言辞批评和劝诫雅典人民的预言从未实现。从这一情况中，我们无法推断他是否真的说过这些话。这些话表达了这位哲学的第一位殉道者的愿望，他希望自己身后能留下许多追随者，同时他也自然而然地预料到，这些追随者一旦脱离了他的控制，他们的言辞会更加激烈，更加不顾及他人的感受。

上述言论必须理解为仅适用于柏拉图式的苏格拉底。因为，尽管这些话或类似的话可能是苏格拉底自己说的，但我们不能排除这样一种可能性，即像许多其他事物一样，例如克里底亚的智慧、梭伦的诗歌、卡尔米德的美德，它们可能只是柏拉图的想象。那些主张《申辩篇》是在这一过程中创作的论点，缺乏证据，无需严肃地驳斥。施莱尔马赫认为，柏拉图的辩护是对苏格拉底言论的准确或近似准确的再现，部分原因在于柏拉图不会犯下篡改这些言论的亵渎之罪，还因为辩护词中的许多观点本可以得到改进和加强，他的推理也完全没有说服力。苏格拉底之死对柏拉图的思想产生了什么影响，我们无法确定；我们也不能说他在这种情况下必须如何写作。我们注意到，阿里斯托芬对苏格拉底的敌意并不妨碍柏拉图在《会饮篇》中介绍他们一起友好交往。对话录中也没有任何迹象表明柏拉图试图使阿努图斯或莫勒图斯在雅典公众眼中变得可憎。

——[英] 本杰明·乔伊特

苏格拉底的申辩

APOLOGY OF SOCRATES

第一次演说

开场白

雅典人啊 ①，我不知道我的控告者给你们带来的影响有多大；但我知道，他们几乎让我忘记了自己是谁，因为他们的言辞极具说服力。但他们几乎没有说过一句真话。不过，在他们说的许多假话中，有一句让我感到非常吃惊，那就是他们说你们应该提高警惕，不要被我的口才蒙蔽。在我看来，他们这样说确实非常无耻，只要我一开口，就能证明我根本

---

① 苏格拉底多次称呼法庭上的陪审团为"雅典人"，而其他辩论者通常使用的称呼是"法官们"。苏格拉底称呼陪审团为"雅典人"可能是一种有意的修辞手法，他通过这种称呼暗示陪审团，他们不仅在审判他，还在决定雅典城邦的道德和政治命运，从而提升辩论的哲学和政治意义。

不是什么伟大的演说家，他们的谎言就会被揭穿，除非他们所说的口才的力量是指真理的力量。如果他们的意思是这样的话，我承认我的口才很好，但是和他们是多么不同啊！正如我所说，他们几乎没有说真话，但从我这里，你们将听到全部真相，不过，不是按照他们的方式，用精心修饰的辞令来表达。不，宙斯在上！我将使用我随意想到的字词即兴而谈，因为我确信我说的是事实（或者说，我确信我这样做是正确的）。雅典人啊，我这个年纪①，如果还像一位青年人一样，在你们面前卖弄辞藻，这无论如何都不太合适。我必须恳求你们帮我一个忙：如果我以我惯用的方式为自己辩护，而你们听到我使用了我在市场摊位前或其他地方惯用的词句②，我请求你们不要惊讶，也不要因此打断我③。因为我已经70岁了，现在又是第一次出庭，对这种场合应该使用的语言

---

① 苏格拉底受审时，已经70岁。

② 苏格拉底大部分时间都在市场上、体育场和钱庄柜台边度过。色诺芬在他的《回忆苏格拉底》中也提到，苏格拉底常常出现在这样的地方，在那里他确信会遇到许多人，以便按照他的习惯与他们交谈。

③ 古希腊的法庭常常会出现各种噪音、喧哗和叫喊，或是出于对发言的反对，或是出于赞同，所以会有打断当事人发言的情况出现，这与现代法庭大相径庭。

还非常陌生。我希望你们把我当成一个真正的外邦人，倘若我用自己的母语，按照自己城邦的方式说话，那么，你们也许会原谅我。我是不是向你们提出了一个不公平的请求？不要在意方式，它可能是好的，也可能是不好的，只考虑我的话是否属实，并注意这一点：让说话的人说真话，让法官做出公正的裁决。

主张

首先，我必须回应早先的指控和早期的控告者，然后再回应后来的指控和控告者。很久以前，我就有许多控告者，他们多年来一直诬告我，比起阿努图斯和他的同伙①，我更害怕他们。这是因为他们从你们还是孩子的时候就开始用他们

---

① 指控苏格拉底的人包括阿努图斯、莫勒图斯和卢孔。莫勒图斯是一名年轻诗人，是提起诉讼的主要控诉者，而阿努图斯和卢孔则作为他的支持者，分别代表民主派政治家和演说家群体的立场。

的谎言占据了你们的思想，说什么苏格拉底是个智者，他推测天上的事，探究地下的事，并让较弱的说法看起来更有说服力。① 这个谣言的散布者就是我害怕的指控者。因为他们的听众很容易误以为研究这些事物就是不相信诸神的存在。他们人多势众，对我的指控由来已久，而且是在你们年幼、思想更易受影响的时期提出的，可能是童年或青年时代。你们听了之后就下意识地接受了，因为没有人可以申辩。最糟糕的是，我不知道也无法说出指控我的人的名字，除了某个喜剧诗人之外。所有这些人都是最难对付的，因为我不能把他们请到这里来当面对质，也不能盘问他们，因此我只能像同影子作战一般，在没有对手回应的情况下进行争辩。那么，我请你们重视这一点，正如我刚才所说的，我的对手有两类：一类是最近的，另一类是很久以前的。我希望你们能明白，我首先回答后者是恰当的，因为这些指控远早于其他

---

① 在大众的观点中，苏格拉底一直被认为是自然哲学家和智者。"推测天上的事，探究地下的事"是说他是一位自然哲学家；"让较弱的说法看起来更有说服力"则是智者的特点。然而，苏格拉底本人实际上并不关心自然哲学，也反对智者的辩论方式，他专注于探讨伦理与人性问题。

指控，而且你们听到的次数也更多。

那么，我必须为自己辩护，并努力在短时间内驳斥长久以来的诽谤。但愿我能成功，如果成功对我和你们都有好处，或者对我的辩护有所帮助的话，这项任务并不容易，我完全明白它的性质。现在，我将遵照法律为自己辩护。

针对第一拨控告者的辩护

我将从头开始追溯是什么诽谤引起了对我的指控，事实上莫勒图斯对我的指控，靠的正是这些诽谤。那么，那些诽谤者是怎么说的呢？他们起誓后 [①] 对我的状词一定是：

"苏格拉底是一个作恶者、一个怪人，无论是天上的 [②]，

---

① 控方为了证明自己没有诽谤，向法庭提出指控时宣誓，确认其指控的真实性。这被称为宣誓。

② 今天气象学和天文学所研究的对象。

还是地下的，他都要去调查；他让较弱的说法看起来更有说服力，还拿这些去教导别人。"①

因为你们在阿里斯托芬的喜剧②中见到过这样的说法：一个叫苏格拉底的人，四处吹嘘他能在空中行走，还胡诌了好些别的话。但我对这些事情毫无所知，我也并未想贬低任何学习自然哲学的人（如果莫勒图斯对我提出如此严重的指控，那我无论怎样辩白也说不清楚啊），但雅典人，这些事情真的与我毫无关系。在座的许多人都是事实的见证人，我希望你们相互转告和指证，你们当中有谁曾听我对此说过什么，由此便能判断指控的真实性。

说我当教师，并收取钱财，这种指责也毫无根据。不过，如果一个人真的有能力教导人类，在我看来，收钱教书

---

① 苏格拉底在这里以正式指控的方式，列出了阿里斯托芬和他早期指控者的所有诽谤，并在本部分的辩护中逐一反驳。

② 指的是阿里斯托芬的《云》，该喜剧于公元前 423 年上演，是为了嘲讽苏格拉底而写的。苏格拉底在剧中以沉思的自然哲学家的形象出现，飘在半空中胡言乱语，高高在上，自以为是，这无疑加深人们对苏格拉底的误解。

也不是一件坏事。就像雷昂提尼的高尔吉亚 ①、凯欧斯的普罗迪科 ② 和埃利斯的希琵阿斯 ③ 那样，他们在各城市巡回演说，说服年轻人放弃免费和城邦里的任何人交往的机会，跟他们交游。他们不仅得到了钱财，还让年轻人对他们感激不尽。此时，一位来自巴洛斯的智者就住在雅典，我听说过他，因为我遇到一个在智者身上花了很多钱的人，他叫卡利亚 ④，是希波尼科的儿子。我知道他有两个儿子，就问他："卡利亚，如果您的两个儿子是小马驹或小牛犊，找个人来管教他们并不困难，雇一个驯马师或者农夫，让他们提高和完善自己应有的品德和才能；但您的儿子是人，您想让谁来管教他们呢？有谁了解作为人，特别是作为城邦公民的美德吗？您一定考虑过这个问题，因为您有儿子。那有没有这样的

① 当时最杰出的智者之一，口才极佳，是位极具影响力的演说家，他的演讲充满了修辞手法和比喻性句子，因此发展出了一种趋向诗意的演讲方式。他本是西西里人，受邀留在雅典教授修辞学，学费高昂。

② 另一位智者，以其昂贵的授课费用而闻名。

③ 也是一位智者，通天文学、语法修辞和音乐，既是教师，又是政治家。

④ 这个人非常富有，在他的家中，那个时代的所有智者都聚集在一起。他与伯里克利和阿尔西比亚德斯有亲戚关系。然而，他挥霍无度，最终死于贫困。

人呢？"他说："当然有。""他是谁？"我问，"来自哪个城邦？"他回答："巴洛斯人欧埃诺斯，就是他，他的收费是五米纳①。"如果欧埃诺斯真的有这样的智慧，又以如此低廉的学费授课，那我认为他是幸福的。假如我也是这样的人，我一定会扬扬得意且自吹自擂。但事实是，我对这方面一无所知。

我敢说，雅典人，你们当中有人会反驳说："那么，苏格拉底，这些对你的指控是怎么来的？一定是你做了什么奇怪的事情，否则这些关于你的流言蜚语就不会出现。那么请告诉我们，这些流言蜚语的起因是什么，以免我们草率地对你下结论。"现在，我认为这是一个合理的挑战，我将努力向你们解释为什么我虽被视为有智慧之人，却有这样的坏名声。请听我说。虽然你们中有些人可能认为我在开玩笑，但我宣布，我将告诉你们全部事实。

雅典的人们，我的这种名声来自我拥有的某种智慧。如果你们问我这是什么样的智慧，我的回答是，凡人或许可以

---

① 即 500 德拉克马，这笔金额与其他人相比相对较少（普罗迪科从每位学生那里收取 100 米纳，即 10000 德拉克马 ）。

达到的智慧；对此，我倾向于相信我是拥有这种智慧的。而我所说的那些人却拥有超人的智慧①，我可能无法描述，因为我自己并不拥有这种超人智慧；而谁说我拥有这种智慧，谁就在说假话，并且在诋毁我。雅典人啊，我在这里请求你们不要打断我的话，即使我似乎说了一些大话，因为我要说的话不是我自己说的。要请一位可靠的见证人——德尔斐的神，他会告诉你们我的智慧（如果我有的话）以及这种智慧是什么样的。

你一定认识凯瑞丰②。他早年是我的朋友，也是你们的朋友，因为他和你们一起经历了最近的流亡，又和你们一起回来了。你们也知道，凯瑞丰做事非常急躁，他去了德尔斐，大胆地请求神谕告诉他——正如我刚才所说的，我必须恳求你们不要打断——他请求神谕告诉他，是否有人比我更智慧。皮提亚女祭祀③回答说，没有人比我更智慧。凯瑞丰

---

① 这里指的是高尔吉亚等人。苏格拉底此处不是在讲自然科学，而是用普罗塔哥拉为这个词所限定的含义，指哪些伟大智者的教诲。

② 苏格拉底的忠实朋友和追随者。

③ 祭祀负责传达神明的话语即发布神谕，这些话语往往模棱两可，需要进一步解释。

本人已经死了，但他的弟弟在法庭上，他会证实我说的话是真的。

　　我为什么要提到这一点呢？因为我要向你们解释，对我的诽谤从何而来。当我听到这个答案时，我对自己说："神说的是什么意思呢？她到底在暗示什么呢？因为我知道我没有智慧，不管是小智慧还是大智慧，那她说我是最有智慧的人又是什么意思呢？但她是神，不可能撒谎，因为那有违她的本性。"经过长时间的思考，我想到了一个解决这个问题的方法。我想，如果我能找到一个比我自己更智慧的人，那么我就可以去驳斥神谕，并作如此回应："这里有一个人比我更智慧，但你却说我是最智慧的。"于是，我挑选了一个以智慧著称的人进行考察（他的名字我就不必提了，那是一个政治家），并通过与他交谈，我得到这样的印象：尽管许多人都认为他有智慧，而他自己更是这样认为，但是他并不智慧。后来，我试图向他解释，尽管他认为自己有智慧，但其实不是。结果，我遭到他以及其他在场人员的记恨。我离开他后便开始思考："虽然我们俩谁也不知道什么是真正的美和善，但我比他好，因为他什么也不知道，却自以为知道；我既不知道，也不自以为知道。"在这一点上，我似乎比他略胜一筹。然后我又去找另一位自诩智慧更高的人，但结论也完全一样，我又遭到了那个人及其他许多人的记恨。

此后，我探访了一个又一个人，却悲哀和恐惧地发现：我被越来越多的人记恨，可我又不得不这样做，因为我必须去找所有那些看似懂得什么知识的人，以此弄清神谕表达的含义。雅典人，我向你们发誓，我向天狗发誓！因为我必须告诉你们真相，我探访的结果是这样的：我发现最有声望的人几乎都是最愚蠢的人；而那些不太受尊敬的人才是更明智、更优秀的。我必须告诉你们，我的奔波就像是干苦活①，我忍受了这些最终发现神谕是无可辩驳的。拜访完那些政治家之后，我又去拜访诗人②，包括悲剧诗人③、颂歌诗人④，还有别的诗人⑤，自认为马上就会发现我比他们更无知。我选取

① "奔波"可能暗指自己像古代英雄奥德修斯那样历经艰险；"干苦活"则自比赫拉克勒斯。

② 诗人被认为是受到神灵启发的，并且是缪斯的翻译者，在雅典拥有极高的地位和声誉。

③ 悲剧作家和悲剧诗人，今天通常称为戏剧的创作者。

④ 颂歌诗人被称为创作颂歌的人，这些颂歌是对酒神狄俄尼索斯的宏伟颂扬，从中发展出了悲剧。

⑤ 指的是史诗诗人、抒情诗人和五言诗人。

一些在我看来他们著作中最精妙的段落，询问这些段落的意思。我以为他们会教我一些东西，但是你们相信吗？我几乎羞于承认这个事实，可我必须说——几乎每个在场的人都能比他们自己更好地解释这些诗句。后来我才知道，诗人写诗不是靠智慧，而是靠一种天才和灵感。他们就像先知或灵媒一样，也会说很多很美的话，但却不明白其中的含义。在我看来，各类诗人的情况都差不多。而且我还注意到，他们凭借自己的诗歌，认为自己在其他事情上也是最有智慧的人，即使现实并非如此。于是我离开了，我认为自己比他们高明，就像我比政治家高明一样。

最后，我走到了工匠①那儿。可以说，我对这一无所知，但我确信他们知道许多美好的东西。这一点我没有弄错，因为他们确实知道许多我不知道的东西，在这一点上他们肯定比我有智慧。但我注意到，即使是优秀的工匠也会陷入与诗人同样的误区。他们因为是技艺精湛的工匠，就以为自己也

---

① 在古希腊，"工匠"不仅指木匠、铜匠、皮革工等手工业者，画家和雕刻家这类艺术家也被视为工匠。虽然这些艺术家创作的作品具有高度的艺术性，但在当时的社会中，他们的工作仍然被视为技术性和实践性的，属于"手工艺"的范畴。

懂得各种高深的东西，这种错误遮蔽了他们的智慧。于是，我以神谕之名问自己，我是否愿意像现在这样，既没有他们的智慧，也没有他们的无知，又或者像他们那样两者兼具。我对自己和神谕回答说，我还是像我一样比较好。

正是由于这种调查使我有了许多最可怕、最危险的敌人，因而也出现了许多诽谤，甚至以"智慧者"的名号来称呼我，因为那些听众总以为我拥有发现别人缺乏智慧的能力。但事实是，雅典人啊，只有神才是智慧之人，那条神谕意在说明，人的智慧不值一提，甚至一无是处。他不是在说苏格拉底，只是用我的名字来说明问题，如同在说，"只要有人像苏格拉底那样意识到，自己的智慧其实一文不值，那么他就是最智慧的人"。于是，我顺从神的旨意，到处奔波，寻找和询问任何一个看起来有智慧的人，无论是市民还是陌生人。一旦我发现他不智慧，我就为神谕辩护，告诉他并不智慧。我的工作让我全神贯注，使我既没有时间去关心任何公共事务，也没有时间去关心我自己的事情，而由于我对神的虔诚，让我陷入了极度的贫困之中。

除此之外，还有一件事：富裕阶层的年轻人无事可做，就主动来找我。他们喜欢听那些自命不凡的人接受审查，并常常模仿我，开始审查别人，于是很快就发现，有很多人自以为是，实际上却知之甚少或一无所知。而那些被他们审查的人却不生自己的气，反而生我的气，说什么，这个混账苏格拉底，这个误导青年的恶棍！如果有人问他们，苏格拉底做了什么坏事，教了什么？他们不知道，也说不出来，但为了不显得茫然，他们就重复那些用来指控所有哲学家的现成罪名，说他们教的是"天上诸象和地上诸物""不信神灵""让较弱的说法看起来更有说服力"诸如此类的。他们不愿承认自己装作有知识的伎俩被揭穿了——这就是真相。由于他们人数众多，且异口同声地说我的坏话，导致了滔滔不绝的诽谤充斥着你们的耳朵。这就是我的三个控告者——莫勒图斯、阿努图斯和卢孔向我发难的原因。莫勒图斯代表诗人们与我争吵，而阿努图斯为工匠们和政治家们鸣不平，卢孔则为演说家们感到不快。雅典人啊，这就是事实，全部的事实。我既不曾隐瞒什么，也没有掩饰什么。然而，我知道，我的直言不讳让他们恨我，而他们的恨又何尝不证明我说的是正确的？

针对第二拨控告者的辩护

对于那些最早控告我的人，我已经说得够多了。现在我要针对后来的指控进行自我申辩。第二拨控告者的首领是莫勒图斯，他自称是一个"好人和爱邦人士"。他对我的指控是："苏格拉底是个恶棍，是败坏青年的人，他不崇拜城邦所奉的神，反而宣扬其他的新神。"再看看具体的罪状：他居然说我败坏青年人。雅典人啊，莫勒图斯是在把正事当玩笑，他急于把人送上法庭，装作热心和感兴趣，其实他从未关心过这些事情——我将努力向你们证明这一点。

苏：来吧，莫勒图斯，你知道谁让青年人变得更好吗？

莫：是的，我知道。

苏：那就告诉法官们①，那个让他们变得更好的人。你一定知道，因为你发现了败坏青年的人，并在他们面前指控我。莫勒图斯，你沉默不语，是无话可说吗？这不是很不光

---

① 审判苏格拉底的不是职业的法官，而是由公民抽签出任的五百人陪审团。

彩吗？这不就是我刚才说的，你对这件事毫无兴趣的一个很好的证明吗？说吧，朋友，谁把他们变得更好？

莫：法律。

苏：但是，好先生，这不是我所问的。我想知道，一般来说，对法律最为了解的是谁？

莫：苏格拉底，这儿的法官们。

苏：莫勒图斯，你的意思是说，他们能够教导年轻人，让他们变得更好？

莫：当然。

苏：他们都能，还是有的能，有的不能？

莫：所有人都能。

苏：赫拉为证，这真是一个好消息！青年的帮助者居然有那么多！那这里的听众们呢，他们也能让年轻人变得更好？

莫：他们也能。

苏：议员们呢？ ①

莫：议员们也能。

苏：公民大会的所有成员 ②，都会让年轻人变得更好，而不会败坏他们？

莫：是的。

苏：看起来，除了我，每个雅典人都在让年轻人变得高贵美好，你是这么说的吧？

莫：这确实是我的意思。

苏：如果你是对的，那我就非常不幸了。不过，我想问你一个问题：你是否认为马也是这样？所有人都可以把它们变得更好，而只有某一个除外？抑或与之相反，只有驯马师能把它们变得更好，而其他与马打交道的人反而会伤害它

---

① 在雅典有两个议会，一个是"五百人议事会"，负责处理日常的政治事务；另一个是"战神山议事会"，是一个大型的司法机构，主要处理重大事务，尤其是杀人案件。这里应该指前者，雅典每年在十个部落年满30岁的男性公民中各选 50 人，组成了五百人会议。议事会与官员们联合处理国事，并为公民大会准备议事日程。

② 在公民大会上，公民通过聚集和讨论国家的最高利益，如战争、和平、联盟、税收等，行使他们在雅典民主中的主权。公民大会的很多关乎城邦利益的重大决策至少要达到 6000 票才能通过并生效。

们。无论是马，还是其他动物，难道不都一样？当然完全一样，不管你和阿努图斯承不承认。对于青年人来说，如果只有一个败坏者，其他都是帮助他们的，那青年们可真的是太幸运了。但是，你，莫勒图斯，你却从来就没有想到过年轻人。你的漠不关心，从你对我提出的反对就可见一斑，虽然你因此把我告上了法庭，却从未关心过此事。

接下来，莫勒图斯，请你以宙斯之名起誓后告诉我们：是在善良的公民中生活好呢，还是在卑劣的公民中生活好？朋友，请回答吧，这可不是个难题。难道不是卑劣的人总是对身边的人作恶，而善良的人会对他们行善吗？

莫：当然。

苏：那么是否有人宁愿被交往的人伤害，也不愿得到他们的帮助？回答吧，我的好朋友，法律命令你回答。有人愿意被伤害吗？

莫：当然没有。

苏：再者，你带我到这儿来，说我败坏青年，那我究竟是有意，还是无意的？

莫：我认为是有意的。

苏：什么，莫勒图斯，但你刚才承认，善良的人会对身边的人行善，而卑劣的人会作恶。你是否认为这是你年轻时就已认知的真理，而我在这么大的年纪，竟会无知到不知如果我败坏了与我相处的人，我可能会受到伤害？你要是认为我有意干出那样的坏事，在这一点上，我和其他人都不可能被你说服。我要么没有败坏他们，要么败坏了他们，但那纯属无意，无论哪种情况，你都在撒谎。如果我犯的是无心之失，法律是不会追究我的过错的，你本应私下找我，警告并告诫我。因为我如果得到了更好的建议，就不会再做那些无心的事情。然而你却拒绝与我交往，也不愿教育我，而是把我带到这个法庭，这里并不是教育我的地方，而是惩罚我的地方。

雅典的人们，你们应该很清楚，莫勒图斯从未在乎过此事。但我还是想知道，莫勒图斯，我是怎么败坏了年轻人？按照你写的这份诉状，你的意思是我教导他们不信奉城邦信的神灵，而是信奉新的神灵？你说我教导这些东西，结果败坏了青年？

莫：是的，这正是我说的。

苏：那么，莫勒图斯，请你更清楚地向我和法庭上的人们解释一下，因为我还不明白，你究竟是指控我教他们相信有神的存在——那样的话，我自己就相信神存在，我既不是完全不信神的，也没有因此而犯这方面的罪——但并不是城邦承认的那些神，而是别的神？还是说我根本不信神，并把这些思想教给别人。

莫：我指的是后者，你是个彻头彻尾的无神论者。

苏：多么奇怪的说法！你为什么这么想，莫勒图斯？难道我不像别人一样，信奉日月为神吗？

莫：法官们，我以宙斯之名起誓，他说太阳是石头，月亮是泥土。①

苏：亲爱的莫勒图斯，你以为你是在控告阿那克萨戈拉吗？如果你认为法官们不识字，以至于不知道这些学说在克拉佐梅纽的阿那克萨戈拉的书里都能找到，那你对法官们的评价就太差了。年轻人是在我这里学到那些东西吗？他们最

---

① 这是阿那克萨戈拉的学说。他发现太阳和星星都是炽热的石块，星星只因太遥远，热力不能传到地面；他又发现月亮是土，比太阳接近地面，上面有山岳，本身无光，月光是由太阳而来。他的学说挑战了传统的神话观念，强调了天体的物质本质。

多花一德拉克马就能在剧院里买到这种学说。① 如果苏格拉底谎称那些学说是他自己创造的，他们就有可能会嘲笑苏格拉底。那么，莫勒图斯，莫勒图斯，你真认为我不信任何神吗？

莫：不信，我向宙斯发誓，你不相信任何东西。

苏：没人会相信你，莫勒图斯，我敢肯定就连你也不相信自己说的这些话。雅典的人们，莫勒图斯在我看来是太自负、太放肆了。他写这篇控诉书只是出于一种年少轻狂的心态。他就像编造了谜语来考验我："我倒要看看，智慧的苏格拉底会不会发现我的自相矛盾，或者我是否能骗过他和其他人。"因为在我看来，他自己在起诉书中说的自相矛盾，就好比他在说："苏格拉底犯了罪，因为他不相信神，但又相信神。"这简直是在开玩笑！

雅典人啊，我请你们和我一起来研究，他的话为何会有前后矛盾的地方。莫勒图斯，请你回答我们。而听众们，如

---

① 欧里庇得斯是古希腊的悲剧作家，与阿那克萨戈拉有过思想上的接触，他将阿那克萨戈拉的理论，特别是关于地球和太阳的本质，融入了他的悲剧中，观众们听到并学习了这些。

果我按我的惯常方式说话，请你们不要喧哗。

回答吧，莫勒图斯，是否有人相信人类事物的存在，却不相信世人存在？诸位，请让他回答，不要起哄。[①] 是否有人相信马术，却不信有马？是否有人相信吹笛活动，却不信有吹笛之人？[②] 如果阁下不想回答，那么请回答下一个问题：是否有人相信神灵之事，却不相信有神灵？

莫：没有。

苏：太高兴了，你终于开口回答了！你在诉状中说我相信并传授有关神灵之事，且不管这神灵是新的还是古老的，我既然相信神灵之事，那么我必定相信有神灵。难道不是这样吗？你不回答，我便默认你同意了。什么是神灵？神灵要么是神，要么是神的子嗣，这你同意吗？

莫：当然是这样。

苏：若如你所说，我信有神灵，又假如那些神灵就是某种神，那么这就是我说的，即你在"出谜语拿我们寻开心"：说我不信神，又说我信神，因为我的确相信有神灵。再说，

---

① 在这里，莫勒图斯显然没有回答。

② 莫勒图斯继续保持沉默。

如果神灵是神的私生子，要么是某个仙女所生，要么来自其他女性，那么哪个人一方面会相信神的子女存在，另一方面却不相信神存在？这太奇怪了，就好比有人相信马和驴的孩子，即骡子的存在，却否认马和驴的存在。莫勒图斯，你这样胡说八道，无非是想审判我。你把这些写进起诉书里，是因为你没有什么真凭实据来指控我。但是，你说一个人既相信神灵及神之事，又不信神灵、神及英雄的存在，只要稍微有理智的人都不会被你说服！

退场

总之，对于莫勒图斯的指控，我已经说得够多了，没有必要做更多的辩护，但我太清楚我招惹了多少仇敌，如果我被判有罪的话，这才是定罪的原因，也就是说祸不在莫勒图斯，也不在阿努图斯，而在世人的嫉妒和诋毁，这已经害死了许多好人，可能还会害死更多人，我不可能是最后一个。

也许有人会说:"苏格拉底,你难道不羞愧吗?为了忙于这些事情,你可能身处死亡的危险中呀!"我会义正词严地回答他:"如果你认为一个稍微有点人格的人都应该计较生死的危险,而不是在做任何事情的时候只关心究竟是正义还是不正义,立身行事究竟像好人,还是像坏人,那么你的见识未免太浅薄了。因为在你看来,那些倒在特洛伊城下的英雄们只是一帮平庸之辈。忒提斯之子^①,他完全不把危险放在眼里,更不愿忍辱偷生,那时他急于杀死赫克托耳,据我所知,他的女神母亲对他说了这样一番话,'孩子,如果你为同伴帕特罗克洛斯报仇,杀死赫克托耳,你自己也会死,因为在赫克托耳死后,便轮到你了。'然而,他听到这些话,却完全没有把危险和死亡放在心上,不但不害怕它们,反而害怕因没有为他的朋友报仇,而生活在耻辱中。'那就让我立即死去',他回答说,'在我让那些人得到惩罚之后,以免待在这鸟喙形船旁遭人嘲笑,成为大地的负担。'难道你认为他顾虑的是死亡和危险?"雅典人啊,因为这样做才合乎

---

① 阿喀琉斯,海洋女神忒提斯和凡人英雄珀琉斯之子,是希腊神话中的英雄。

真理：一个人，无论他的位置在哪里，是他自己选择的，还是长官安排的，在危险的时刻，他都应该坚守在那里，不把死亡和其他东西看得比耻辱还重。

雅典人啊，你们选出来统领我的长官只要给我下了命令，无论是在波提狄亚、安菲玻里，还是德利昂附近，[①] 我都会像其他人一样，冒着死亡的危险坚守在岗位上。而现在，既然神命令我完成哲学家的使命，审查自己和其他人，我却因为害怕死亡或任何其他恐惧而擅离职守，那真是弥天大错。要是我这样做，你们可以正当地把我带上法庭，控告我因为害怕死亡而违背神谕，自以为聪明而并不聪明。其实"怕死"这件事就是以不智慧为智慧，不过是自以为懂得……道，死亡是否真的是人们……大的善。这难道不是一种……懂的东西？只有在这一点……也许我可以自称比他们更

……尔道。在波提狄亚，他救了阿尔……于。德利昂战争虽以雅典失败告……沉着和勇敢。

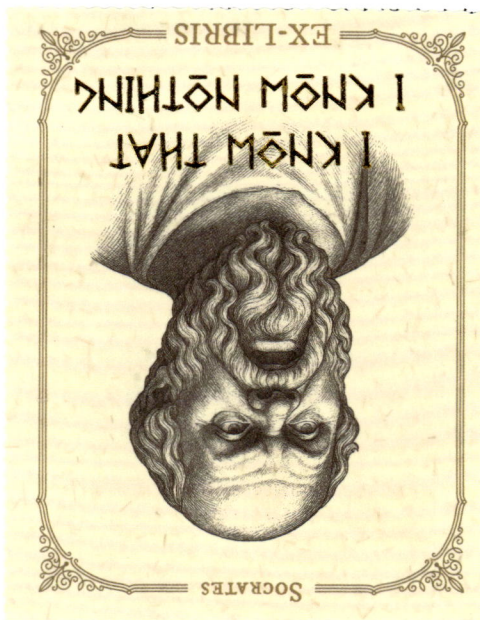

027

智慧：既然我对冥界里的事知之甚少，那我就认为自己不知道。但我知道，对比自己更好的——无论是神还是人——行不义或不服从，那就是恶的和可耻的。所以，同我知道肯定是恶的东西相比，我不会害怕或逃避那些我不知道的东西，即便它们可能是好的。如果你们不听阿努图斯的话（他曾说过，既然我被起诉了，我就必须被处死，如果不是这样，我根本就不应该被起诉），现在就打算放过我。对于这件事，如果你们对我说："苏格拉底，这一次我们不会再管阿努图斯了，你会被释放，但有一个条件，那就是你不能再花时间研究，搞你那个哲学。如果你再这样做被抓到，你就得死。"如果这就是你们放我走的条件，我要告诉你们："雅典的人们，我虽然尊敬你们，爱戴你们，但我会服从神的旨意，而不是你们的命令。只要我还有一口气，就永远不会停止哲学的实践和传授，也就是劝告你们，并按照我习惯的方式告诉每个我遇到的人——你，我的朋友，一个最伟大、最以智慧和力量著称的雅典的公民，居然只关心如何赚取更多钱财，追求名声和荣誉，而对智慧、真理以及如何让灵魂尽可能变得最好如此漠不关心，你难道不感到羞愧吗？"如果你们当中有人要争辩，说自己的确关心过此事，那我也不会很快放他走，更不会离开，而是质问他、审查他。如果我认为他没有美德，而只是谎称有，那我就会责备他视有价值的东西无足轻重，却把微不足道的东西视若珍宝。我要对我遇到的每一个人，无论老少，无论外邦人还是本邦同胞，重复同样的话，尤其是本邦人，因为他们与我更亲近。要知道，这是神的旨意。我相信，在这个城邦，没有比为神服务更大的好事了。因为我所做的一切，只是在劝说你们所有人，无论老幼，不要过分关心身体或钱财，甚至超过关心灵魂。我告诉你们，美德不是由金钱带来的，而金钱以及其他一切善都是由美德而生。无论是个体的美好还是城邦的美好，都源自德行。如果这些话就败坏了青年人，那就算它有害。但如果有人说我没有讲过这样的话，那简直在胡说八道。对此，雅典的人们啊，我对你们说："无论你们是否听从阿努图斯的建议，无论你们是否宣判我无罪，我都不会改变我的做法，即使让我死很多次，我也绝不会改变。"

雅典的人们，不要打断我，请遵守我们之间的约定，无论我说什么，请不要叫喊，耐心听我说，我相信这对你们有好处，接下来我对你们说的话，也许会让你们喊起来，但千万不要这么做。你们要明白，如果你们杀了像我这样的人，那么你们对自己的伤害比对我的伤害更大。没有人能真正伤害我，莫勒图斯不行，阿努图斯也不行，他们没有这个能力，因为好人被坏人伤害，是亵渎神法的。我不否认，阿努图斯或许能杀死我、流放我，或剥夺我的公民权利，虽然他以及其他人一定认为，这是一件很大的坏事，但我并不同意这种看法。因为像他这样不公正地剥夺他人生命的行为，其罪恶远远更大。

而现在，雅典人，我并不像你们所想的那样，为我自己辩护，而是为了你们而争辩，免得你们因判我有罪，而错误对待神赐予你们的礼物。因为，如果你们杀了我，就不容易找到另一个这样的人，打个不恰当的比方：我是神赐予国家的一只牛虻，而国家是一匹俊美而高贵的马，却因体型庞大，行动迟缓，需要被牛虻激发出活力。在我看来，我就是神赐予国家的那只牛虻，整天在各个地方激发你们，劝说你们，责备你们。你们不会轻易找到第二个像我这样的人，因此建议你们放了我。我敢说，你们兴许会很恼火，就像从睡梦中突然被惊醒的人一样，听从阿努图斯的建议，把我一掌拍死，然后你们就会睡一辈子，除非神在眷顾你们的时候派给你们另一只牛虻。当我说我是上帝赐予你们的时候，我的证据就是：如果我像其他人一样，就不会在这些年里忽视自己的所有事情，反而总是为你们做事，像父亲或兄长一样，私下来到你们身边，劝告你们重视美德。如果我得到了什么好处，或者我的劝告得到了回报，我这样做还有点道理。但现在，你们也看到了，当这些控告者在其他所有事情上厚颜无耻地控告我，却不敢说我曾向任何人索取或索要报酬，这一点他们没有证人，而我有足够的证据来证明我说的话的真实性，这些证据就是我的贫穷。

也许有人会问，为什么我在私下里为别人出谋划策，为别人的忧虑操心，却不敢在公开场合为国家出谋划策。其中缘由，你们在不同的时间和不同的地方听我说过，我有一种神谕或征兆，就是莫勒图斯在起诉书中嘲笑的神性。这种征兆是一种声音，在我还是个孩子的时候就开始出现了，它总是阻止我去做事情，却从不鼓励我做什么。就是它，反对我成为一名政治家，在我看来，它反对得太好了。因为，雅典人啊，我确信，如果我从政，我早就死了，对你们和我自己都没有好处。请不要因为我告诉你们真相而生气：因为事实是，凡是坦诚地反对你们或任何其他人，阻止一个国家中许多无法无天的不义行为的人，都活不了，事实上，为正义而战的人想要多活几年，它必须私下干，而不是参与政事。

对此，我可以给你们提供令人信服的证据，不仅仅是言辞，而是你们更看重的——行动。请听听我自己生活中的一段经历，它将向你们证明，我绝不会因为害怕死亡而向一个违背正义的人屈服，哪怕不屈服就会立刻死去。我要给你们讲一个法庭上的故事，也许不是很有趣，但却是真实的。雅典人啊，我从来没有在城邦中担任过别的职务，只当过轮值主席团成员。那时安提俄克斯部族，也就是我的部族，正好轮值主持，你们提议要集体审判十个将军，因为他们没有从海战中带回幸存的人和战死者的尸体，但这是不合法的，在当时的主席团中，只有我阻止你们做任何违法的事情，且投了反对票。① 当演说家们威胁要弹劾和逮捕我时，你们发号施令，大喊大叫，但我下定决心宁愿按照法律和正义而冒险，也不愿因为害怕坐牢和死亡就赞同你们提出不正义的议案。这发生在城邦实行民主政体的时候。后来寡头政体出现

---

① 苏格拉底曾在安提俄克斯部族轮值期间，作为主席团成员履行职责。主席团成员的职务较为具体，轮值周期为 35～36 天，具有更多的领导职责。

了，三十僭主把我和另外四个人叫到圆宫①，命令我们把撒拉密斯的赖翁②抓回来处死。他们也给其他很多人下达过此类的命令，希望让尽可能多的人承担罪责。我当时再次以行动而非言语表明我对死亡一点也不在乎——如果允许我使用这样的表达方式的话——而是在乎是否做了不义或不神圣的事情，这才是我全力关心的。当我们走出圆宫时，其他四人去撒拉密斯找赖翁，而我却悄悄地回家了。要不是那个统治集团很快被推翻的话，我可能会因此丢掉性命。许多人都可以为我的话作证。

现在，你们真的认为，我把公事当成职业，像一个好人一样始终坚持正义，并把正义作为最重要的事来做，如果这么做，我还能活这么多年吗？根本不能，雅典的人们，其他任何人也做不到。但我的一言一行、一举一动，无论于公于私，都始终如一，我从未向任何违背正义的人屈服过，不论

---

① 圆宫，又称"伞宫"，是一个圆形建筑，在民主制时期的雅典，议员在那里祭祀、开会、用餐和居住。三十僭主把这里当成了他们主要的政府建筑物之一。

② 赖翁，雅典公民，当时可能因反对三十僭主而逃亡或被流放到撒拉密斯。据说是一个很正直的人，处死他是三十僭主犯下的一大罪行。

是被那些诽谤者说成是我学生的人①，还是别的人。我虽然不是任何人的老师，但如果有人有心听我讲，我是如何完成自己的任务，无论他是年轻还是年老，我都不会拒绝他。我也不会收了钱才讲，没有收就不讲，任何人，无论贫富，都可以问我。如果他们想听一听我是如何回应的，我也乐于他们听。无论他们变得更好还是更坏，公正地说，这两种结果都不能归咎于我，因为我从未许诺过什么，也没有教他们任何东西。如果有人说，曾私下从我这里学到或听到过什么其他任何人都不曾听到的东西，那我告诉你，他在撒谎。

但有人会问我，为什么有些人乐于同我长时间的交谈呢？雅典人，我已经把这件事的全部真相告诉了你们：他们喜欢听那些装作有智慧的人被诘问，因为其中有乐趣。而这件事是神指派给我的，他是通过神谕、托梦以及向人暗示旨意的方式向我表明的。雅典人啊，这是真的，如果不是真的，我很快就会被驳倒。如果我正在或一直在败坏年轻人，

---

① 色诺芬在《回忆苏格拉底》中曾这样写下当时控告人的话："克里底亚和阿尔西比亚德斯是苏格拉底的朋友，他们二人给城邦带来了最严重的危害。克里底亚是寡头统治集团中最贪婪和最残暴的人，而阿尔西比亚德斯则是民主派中最不负责任和最不讲道德的人"。

那么他们中那些已经长大成人，并且已经意识到我在他们年轻的时候给了他们不好建议的人，应该站出来作为控诉者，为自己讨回公道。如果他们不愿意自己站出来，那么他们的一些家人——父亲、兄弟或其他亲属肯定也会这样做。无论如何，我在法庭上看到他们中的许多人都来了，现在是他们可以表态的时候。首先是这位克力同①，他和我同岁，并且是同乡，是克力同布鲁斯的父亲；然后是斯菲图斯的吕萨尼亚，埃斯奇涅斯的父亲；还有基菲索斯②的安提丰，他是埃匹格涅斯的父亲。此外，还有一些人，他们的兄弟都和我来往：提奥佐提多斯的儿子尼克斯特拉托斯，提奥多托斯的兄弟（现在提奥多托斯死了，他不能阻止尼克斯特拉托斯告我了）；还有德谟多克斯的儿子帕拉鲁斯，忒阿格斯是他的兄弟；还有阿里斯图诺斯的儿子阿德曼托斯，他的兄弟柏拉图

---

① 其名字被用作柏拉图著名对话的标题。

② 基菲索斯河是雅典附近的一条重要河流，这个表达用来标示安提丰的家乡或家族背景。

也在场；还有艾安托多罗斯^①，他是阿波罗多罗斯的兄弟。我还可以向你们说出其他很多人的名字，莫勒图斯在演讲过程中尤其应当把其中一些当成证人。如果他忘记了，就让他继续出示吧，我可以让步，让他说说，他是否有可以出示的这类证词。但是雅典人，事实恰恰相反。因为所有这些人都愿意为我这个"败坏者"作证，即一个如莫勒图斯和阿努图斯所说的那样，正在对他们的家人干各种坏事的家伙。那些被败坏的人亲自出来帮我，也许还讲得通，但那些没有被我败坏的人，他们的亲属已在耄耋之年，为什么他们也要作证支持我呢？除了为了真理和正义——因为他们知道我说的是真话，莫勒图斯是个骗子，那还有什么别的理由呢？

---

① 艾安托多罗斯非常敬重苏格拉底；当苏格拉底被判刑时，他大声喊道："但是我无法忍受这一切，因为我看到你是被冤屈的。"而苏格拉底轻轻抚摸着他的头，微笑着说："——但是，我的朋友，你宁愿看到我被公正地判刑吗？"

结束语

好了，雅典人，这就是我所能提供的全部辩护了，或许还有诸如此类的更多的话。不过，也许你们中有人会对我感到不快，因为他会想起自己曾是如何在一个类似的，甚至不那么严肃的场合，流着泪向法官们祈祷和恳求，又把自己的孩子和其他亲戚朋友带上法庭，通过呈现一出动人的场面来博得法官的仁慈；而我，尽管面临着生死攸关的危险，却不会做这些事。这种对比可能会在他们的脑海中浮现，他们可能会因此对我不满而反对我，愤怒地投票。如果你们中间有这样的人（注意，我不是说如果有这样的人），那么我下面这番话对你来说是合适的："朋友，我也如荷马所说不是'来自树木，亦非出自岩石'，是人生父母养的。我还有一个家庭，是的，我还有儿子，雅典人啊，一共有三个，一个快成年了，还有两个还小，但我不会把他们中的任何一个带到这里来恳求你们赦免我。为什么不呢？不是因为我自以为是，更不是不尊重你们，至于我怕不怕死，那是另一个问题，但就声望而言，我觉得这种行为会给我自己、给你们、给整个城邦抹黑。一个人到了我这个年纪，又以智慧著称，更不应该自贬身价。无论我是否应得这种评价，世人已经认定苏格拉底在某些方面比其他人高明。如果你们中有人自认为在智慧、勇气还是别的什么美德都高人一等，也这样贬低自己，那他们的行为是多么可耻！我曾见过一些有名望的人，当他们被判刑时，会干出些稀奇古怪的事情，他们似乎认为，如果死了，就会遭受可怕的痛苦，而如果你允许他们活着，他们就不会死一样。我认为，这样的人是城邦的耻辱，可能会让某些异乡人觉得，雅典最杰出的人，雅典人自己选出来担任公职和其他荣耀职位的人，并不比女人好多少。我这样说，是因为我认为这些有名望的人不应该做这些事，如果做了，也不应该允许，你们应该表明：你们更愿意谴责那些制造混乱场面、使城邦变得可笑的人，而不是那些保持体面镇静的人。"

但是，撇开名声的问题不谈，在我看来，无论是乞求法官，还是靠求乞获释，似乎都不正当，教育和说服才是正道。因为法官的职责不是伸张正义，而是做出判决。他已经发誓，按照法律而不是按照自己的喜好做出判决。因此，我们不应该让他习惯发假誓，也不应该让他养成做伪证的习惯，因为这样做毫无虔诚可言。所以，那就不要要求我做我认为不高尚、不正义和不虔敬的事，尤其是，在莫勒图斯控告我不虔诚时，更不能这样做。因为很显然，如果我用说服和乞求强迫你们违背誓言，那么我就是教唆你们不要相信神的存在，那这次申辩简直是控告自己不信神。但事实并非如此：因为我确实相信有神存在，比我的任何控告者都更相信。我把我的这桩案子托付给你们，也托付给神，请做出对你我都是最好的判决。

〔苏格拉底的申辩到此结束。此后，法官们退席和议，以决定对苏格拉底的诸项指控是否成立。他们以 280 票判定苏格拉底有罪。之后，当宣布判决后，又进行了一次讨论，以确定对有罪一方应该给予的惩罚，于是苏格拉底再次发言。〕

第二次演说

　　雅典人啊，你们投票判定我有罪，对于这个结果，我并不恼火。其中一个原因是，我早就预料到了，只是对票数如此接近而感到惊讶，我原以为反对我的票数会多得多，但现在，哪怕只有三十票改选，我就已经无罪释放了。[①] 其实若只有莫勒图斯一人，我想我已经安然获释了，因为如果没有阿努图斯和卢孔的帮助，任何人都可以看出，他获得的票数不可能超过法律要求的最低票数，即五分之一，那样的话，

---

① 苏格拉底被判定有罪时，法庭的投票结果是 280 票赞成定罪，220 票反对定罪。法庭由 500 名陪审员组成，因此没有出现平局的情况，判决得以生效。苏格拉底的意思是，如果有 30 张赞成票改为反对票，他就能无罪释放。

他就会被处以一千德拉克马的罚金。①

但不管怎么说，他提议判我死刑。雅典人啊，我又该提出用什么惩罚来代替死刑呢？② 显然应该按照我应得的来。什么是我应得的？我应遭受怎样的人身处罚或赔偿多少罚金？难道就因为我这一生都没有耍滑头偷懒过，也从未关心过大多数人所看重的东西——财富、家族利益、军职、在议会上发言、担任官职、参与阴谋、拉帮结派？因为我知道自己实在是一个太正直的人，不可能作为一个政治家而活着，所以我没有去那些对你们和我都没有好处的地方，而是私底下来到每个人的身边，为你们带来最大的好处。我试图说服你们中的每个人，先关心自己，寻求美德和智慧，再考虑自己的身外之物；先关心城邦本身，再考虑城邦外在的利益；还要以同样的方式关心其他事物。我既然是这样的人，那

---

① 按照雅典的法律，如果控方得票不到法庭总数的五分之一，那么控方就会因"诬告罪"被罚款。实际情况是，苏格拉底的控方总得票数为280票，远超过五分之一的门槛，意味着控方不会被罚。

② 按照当时的程序，在被判定有罪后，苏格拉底有权提出替代惩罚建议。控方要求判处死刑，但苏格拉底提出了两个替代方案：罚款和流放。他认为自己不该因行使言论自由、教育他人，就受到如此严厉的惩罚。但最终陪审团并未采纳苏格拉底的替代方案，他被判处服毒酒自尽。

什么才是我应得的呢？雅典人啊，好事！而且是适合我的好事！那么，对于一个虽贫穷却仍希望有闲暇来教导你们的恩人来说，什么才是合适的奖赏呢？雅典人啊，没有比请他去公共宴会厅免费就餐更合适的奖赏了。他远比在奥林匹亚的赛马或战车——无论战车是由两匹马拉还是由许多马拉——的比赛中获奖的人更值得得到那样的奖赏。因为那些人只是看起来幸福，而我却让你们真正幸福；那些人根本不需要供养，而我需要。所以，如果要我正当地提出应得的惩罚，那我就提出这一点：请我去公共宴会厅免费用膳！ ①

也许你们认为我现在说的话简直大言不惭，就像我刚才谈怜悯和乞求一样。但事实并非如此。我之所以这么说，是因为我深信我从未有意加害任何人，但我却无法说服你们，因为我们相互交谈的时间太短了。如果雅典也像其他城邦一

---

① 只有奥林匹亚运动会的得胜者和雅典民主制的建立者等极少数享有特权的人才会被邀请到公共宴会厅用膳，这被雅典人视为极大的荣誉。苏格拉底通过这种方式展示了自己对审判不公的不满，他认为自己不应受死刑，而认为自己像奥林匹亚运动会的得胜者一样，应该被尊重并享有某种荣誉。

样，明文规定：死罪不能仅在一天之内就做出判决，[①] 那么我相信我就能说服你们了。但是，我无法在一瞬间驳倒那么多诽谤者。既然我确信我从未冤枉过别人，那我也一定不会冤枉我自己，不会说自己罪有应得，更不会提出任何惩罚。难道是因为我害怕莫勒图斯提出的死刑吗？我说过，我压根就不知道死亡是善还是恶。如果要我在肯定是恶的刑罚中选一个，监禁如何？可我为什么要住在监狱里，服从"十一人委员会"[②] 的权力呢？罚款呢？被收押到付清罚款为止？但这和刚才说的监禁是一回事，反正我也拿不出钱缴纳罚金。如果我说流放（这可能是你们要处以的刑罚），那我一定是被对生命的热爱蒙蔽了双眼，我竟然如此不理智，以至于没有推想出：如果你们，我的同胞，都无法忍受我的言论和话语，觉得它们是如此令人讨厌和憎恶，以致于再也不想听它们的时候，那其他人又怎会忍受我。不，雅典人，这不太可能。我这么大年纪了，从一个城邦流浪到另一个城邦，不断更换

---

① 雅典的所有审判必须在一天内完成。

② "十一人委员会"是一个雅典的司法和监狱管理机构，负责管理监狱并执行法律判决。

流放地，还总是被驱逐，这日子该怎么过？因为我非常肯定，无论我走到哪里，当地的年轻人就像在这里一样，都会蜂拥而至。如果我赶走了他们，他们的长辈也会应他们的要求把我撵走；而如果我让他们来，他们的父亲和朋友则会为了他们的缘故把我轰走。

也许有人说，苏格拉底，难道你就不能管住你的嘴，等离开了这里后，不就没有人干涉你吗？现在我很难让你理解我的回答。如果我告诉你们，照你们说的去做就是违背神的旨意，因此我不能缄默，你们必定不会相信我是认真的，认为我在装模作样。如果我再说，每天谈论美德，让你们听到我对自己和他人的审查，是人世间最大的好事，未经审视的人生根本不值得过，那么你们就更不可能相信我了。然而，我说的都是事实，尽管我很难说服你们。另外，我从不认为我应该受到任何惩罚。如果我有钱的话，我可能会按照我能付得起的金额来缴纳罚款，不会受到太大影响。但是我没有钱，所以我必须请您根据我的经济能力来确定罚款的数额。也许我付得起一米纳银子，因此我建议这样处罚：柏拉图、克力同、布鲁斯和阿波多罗斯建议我请求支付三十米纳的罚款，他们作担保人。就以三十米纳为罚金吧，他们将为你们提供可信赖的担保。

〔苏格拉底对法律深信不疑，决定对自己处以罚款。法官们退席开会，然后上前宣布判决，判处苏格拉底死刑。然后苏格拉底最后一次发言。〕

第三次演说 ①

　　雅典人啊，不必多长时间，那些反对城邦的人们就会给你们安上杀害苏格拉底的骂名，因为当他们想要责备你们时会说我是智者，尽管我不是。其实如果你们稍等片刻，你们的愿望就会自然实现。因为我年事已高，正如你们所见，离死亡也不远了。我现在不是对你们所有人说这话，而只是对那些判我死刑的人说的。我还有一句话要对他们说：你们以

---

① 按照雅典的法律程序，被告通常可以在判刑后为自己提出惩罚建议，并且可能会进行简短的辩解。然而，苏格拉底的演讲篇幅较长且内容丰富，这在实际的法庭程序中较为少见。因此某些学者认为，第三部分的演讲在某种程度上可能是柏拉图的文学创作，而非对真实审判过程的再现。柏拉图通过这一部分不仅展现了苏格拉底的哲学思想，也使作品的结构更加完整，从而传达了更深的教育和哲理意义。

为我被判有罪，是因为我缺少言辞来说服你们，好像为了逃脱惩罚，我就应该不惜一切代价。不是这样的！我之所以被定罪，不是言辞上的不足，而是因为我没有那么厚颜无耻、胆大妄为，也不想像你们希望我做的那样，向你们哭诉、哀号，说许多你们听惯了的话，做许多与我不相配的事。我当时认为，我不应该因为危险而做任何卑鄙的事情，现在，我也不后悔做如此辩护，我宁愿按照我的方式辩护而死，也不愿为了活命而采取你们的方式。因为无论是在战争中还是在法庭上，我或是任何人都不应该用尽一切办法来逃避死亡。在战场上，如果一个人愿意扔掉武器，跪倒在追兵面前，他就可以逃过一死，这是毫无疑问的；在其他危险中，如果一个人愿意说任何话、做任何事，他也有其他办法逃过一死。朋友们，逃脱死亡并不难，可逃离邪恶却难得多，因为它比死亡跑得更快。我如今已迟缓年迈，跑得慢的"死亡"快要追上我了，而控告我的人敏锐敏捷，却被跑得更快的"恶"抓住。现在我要离开了，因为你们判我死刑，但那些控告我的人却被"真理"判以邪恶和不义。那就让我和他们遵守各自的裁决，我想，这些事情可以说是命中注定的，我认为这完全合理。

现在，给我定罪的人啊，我会给你们留下预言，因为我就要死了，人们在将死之际都有预言的能力。[①] 我预言你们这些杀害我的人，死后将面临比你们判我死刑更严厉的惩罚。你们以为杀了我就可以躲避审查，不交代你们的罪行，但事情不会像你们想的那样。因为正如我所说，未来会有更多人来审查你们，只是迄今为止我一直在约束他们，而你们并未注意到。他们更年轻，会更严厉，你们也会更恼羞成怒。你们以为通过杀了我，就能阻止有人批评你们的罪行，就能逃避审查。你们错了，这是既不可能也不光荣的逃避方式。最高尚和最简单的方法不是压制别人，而是改善自己。这是我临行前对给我定罪的法官们所说的预言。

朋友们，你们本想无罪释放我，我也想趁地方官忙着的时候，在我赴死之前，和你们谈谈已经发生的这件事。那就再待一会儿吧，趁现在还有时间，我们不妨互相谈谈。你们是我的朋友，我想让你们了解发生在我身上的这件事的意义。哦，我的法官们——我真的可以称你们为法官——我要

---

① 古人相信，随着死亡的临近，灵魂会获得某种神圣的力量，临终者会预言并预示未来的事件。

告诉你们一件奇妙的事。迄今为止，如果我在任何事情上出现失误或错误，内部神谕产生的神力总是习惯性地反对我，甚至在小事上也是如此。但是，无论是在我早上离开家的时候，还是在我去法庭的路上，或者在我讲话的时候，神谕都没有对我要说的任何事情表示反对。可是，我在其他场合讲话时，却常常在说到一半的时候被它打断。现在，对我所说的或所做的任何事情，它都没有表示反对。那么，这该如何解释呢？我来告诉你们：这在暗示也许发生在我身上的事情是好事，而那些认为死亡是邪恶的人是错误的。因为，如果我要做的不是件好事，那么熟悉的信号肯定会反对我。

让我们从另一个角度来思考，就有充分的理由相信，死亡是一件好事。因为死无非是以下两种情况之一：死亡要么是一种虚无和完全无意识的状态；要么就像人们所说的那样，死亡会让灵魂发生变化，从这个世界迁移到另一个世界。如果你认为死没有任何感觉，就像无梦的长眠，那么死亡将是一件绝妙无比的好事。因为如果让人选择一个连梦都没有的沉酣夜晚，并把他一生中其他的日日夜夜与之相比，然后再让他说出，自己的一生中有多少个日日夜夜比这个夜晚过得更好、更愉快？我想任何一个人，且不说普通人，就是伟大的国王也会发现，与其他日夜相比，这样的夜晚实在屈指可数。因此，如果死亡具有这样的性质，那么我会说它是一件好事，因为永恒也不比那一夜更长久。但是，如果死亡是一场去往另一个地方的远行，而正如人们所说，所有的亡者都在那儿安息，那么，我的朋友们和法官们，还有什么比这更好的吗？因为，如果当一个人到达了冥府，摆脱了这样一群所谓的法官，并且找到了传说中在那里进行审判的真正的法官——米诺斯、拉达马图斯、埃亚库斯、特里普托勒摩斯，以及其他生前正义的神之子，那么这次远行是没有价值的吗？一个人若能与俄耳甫斯、穆塞欧、赫西俄德和荷马交谈，又何乐而不为呢？如果这是真的，那就让我一次又一次地死去吧。我也会对与帕拉梅德、特拉蒙之子埃阿斯以及其他因不公正的判决而受死的古代英雄会面和交谈产生极大的兴趣。我认为，将我自己的遭遇与他们的遭遇进行比较，会给我带来无穷的乐趣。最重要的是，我将能够继续探究真假（今世如此，来世也是如此），看看他们之中谁是智慧的，谁自以为有智慧，其实并没有。法官们啊，一个人如果能够审查一下伟大的特洛伊远征队的首领，或者奥德修斯、西西弗斯，或者其他无数的人，包括男人和女人，那是多么幸福啊！与他们交谈，向他们提问，该有多么无穷的乐趣啊！在另一个世界，人们不会因为提问而被处死，肯定不会，因为他们除了比我们幸福之外，还将永垂不朽，如果所言属实的话。

因此，法官们啊，你们要对死亡保持乐观，你们要知道，一个好人无论生前还是死后都不会遭遇不幸，他和他的亲属都不会被神忽视。我的这些事情也不是偶然发生的，而是我清楚地看到，时机已到，从死亡和杂事中解脱，才是我更好的出路。因此，神谕没有给出任何征兆，我也不生投我反对票和控告我的人的气，但他们投票判我有罪和控告我的本意不在此，而是想伤害我，并不想给我带来任何好处，为此，他们该受到谴责。

不过，我还想请他们帮个忙。当我的儿子们长大成人后，如果他们似乎关心财富或任何事物胜过关心美德，我请求你们，我的朋友们，惩罚他们，像我曾经烦扰你们一样烦扰他们；或者如果他们假装自己很了不起，实则不值一提，那就像我曾经责备你们一样责备他们，因为他们不关心他们应该关心的东西，明明是无能之辈却自以为是。如果你们这样做了，我和我的儿子们都会在你们手中得到公正对待。

离别的时刻到了，我们各奔东西，我将死去，你们继续活着，哪个更好，只有神知道。

附　录

苏格拉底在法官前的申辩

——[古希腊] 色诺芬

在苏格拉底的回忆中，我认为最值得记录的莫过于他被传唤出庭后的自我申辩，还有他在生命终结时所作的考虑。其他人也写过关于这个主题的文章，无一例外地都提到了这位哲学家的崇高言论，这也可以作为证据，证明苏格拉底的确是这样说的。然而，这些作家并未明确指出，苏格拉底在此时已将死亡视为比生更重要的事实，因此，他那些崇高的言论便难免带有几分愚蠢的意味。然而，我们从苏格拉底的一位亲密朋友，希波尼库斯的儿子赫摩杰尼斯的口中得到了关于他的描述，显示出苏格拉底的傲慢举止完全符合他当时的心情。赫摩杰尼斯说，自己当时看到苏格拉底所有话都讲到了，却唯独没有谈到他即将面临的审判，于是就直截了当地问他："苏格拉底，你打算如何申辩？你不为自己考虑一下吗？"对此，苏格拉底首先回答："什么！在你看来，我难道不是一辈子都在申辩吗？"赫摩杰尼斯接着问："你是怎么申辩的呢？"他回答说："毕生坚持不做任何错事，我认为这是一个人所能想出的最好的辩护方法。"赫摩杰尼斯又问道："苏格拉底，你难道没有看到，雅典的陪审团常常受辩护词影响，将无辜之人处死，而在另一方面，由于辩护词引起了人们的同情，或由于被告善于使用一些蛊惑人心的词句，从而让有罪的人无罪释放的情况也不少见吗？"苏格拉底回答："不，我郑重地告诉你，我曾两次试图考虑我的申辩，但都被神阻止了。"赫摩杰尼斯对他说："这很奇怪！"他再次回答："你说这奇怪吗？对神来说，我最好立刻死去。难道你不知道，我迄今没有承认过任何人过得比我好吗？因为我知道我的一生都是神圣而公正地度过的，又有什么比这更好呢？事实上，我的朋友和亲信也是这样评价我的。现在，如果我还要继续活着，就无法避免衰老带来的惩罚：视力和听力日益衰退；学习新知识的速度变得越来越慢，也越来越容易忘记已经学过的知识；如果再加上因能力衰退而怨天尤人，我还有什么希望能在生活中获得更多的快乐呢？""也许，你知道，"他补充道，"神出于他的仁慈，在我适当的年龄，以最温和的方式来结束我的生命。因为，如果在这时候宣判我的死刑，那么很显然，我将被允许以这样一种方式结束自己的生命，这种方式不仅本身是最容易的，而且不会给朋友们带来太多的麻烦，同时也会引起对逝者最深切的思念。当一个人没有在旁人心中留下任何不体面或令人不愉快的回忆，而是在身体健全，灵魂还能表现友好的时候安详地离开人世，那么他必然只会被人怀念。"

"毫无疑问，"他补充道，"虽然你们都认为最重要的是找到一些无罪释放的办法（诸神当时是反对我的），但是很明显，如果我做到了这一点，不仅不能像现在这样得到生命的解脱，反而要在疾病或衰老的折磨下虚度年华，在这些与快乐最格格不入的邪恶事物中结束我的生命。"

"不，"他补充道，"神知道，我无论如何都不愿这样。但如果我因为大肆宣扬我从神和人类那里所受的恩惠以及我对自己的看法而惹恼了法官们，那么我宁愿选择死亡，也不愿奴颜婢膝地祈求多活一会儿，仅仅为了换取贫困的生活以代替死亡。"

赫摩杰尼斯指出，苏格拉底在控方指控他不承认国家承认的神灵，却引入新的神灵来败坏年轻人之后，便下定决心挺身而出，站出来说："首先，先生们，我不知道莫勒图斯凭什么说我不承认国家承认的神，因为就献祭而言，很多人都曾碰巧看到我在普通节日和公共祭坛上献祭过，如果莫勒图斯愿意，他也可以看到。至于新的神灵，请问，我怎么能在介绍的时候说，有一个来自神的声音，清楚地告诉我应该做什么？那些利用鸟叫声或人的说话声来求得神意的人，不都是凭声音得出结论的吗？谁能否认雷声不是一种非常强大的预兆？毕索神庙三脚架上的女祭司不也是用声音来传达神的旨意的吗？不管怎么说，神是有预知能力的，他会向他所希望的人预告将要发生的事情。这一点，我和全世界都一样相信并坚信不疑。只不过，他们用灵鸟、神谕、兆头和先知这些名称来描述这些预感，而我说的是神灵，在使用这个名称时，我声称自己比那些把神灵的力量归之于鸟儿的人说得更准确，也更令人敬畏。我没有对神灵说谎，我有这样的证据：虽然我向许多朋友传达过神的旨意，但我从未被指认为骗子，他们也从未自称为受骗者。"

　　听这些话，法官们发出了不同的声音，有些人不相信他说的话，有些人则是出于嫉妒，嫉妒苏格拉底从神那里得到的指示居然比自己得到的还要多。"好吧，"他说，"请你们听我说，我再告诉你们一些事情，这样，你们中那些不愿相信的人会更加不相信我是如此受到神的恩典。有一次，凯瑞丰在德尔斐当着许多证人的面提出了一个关于我的问题，阿波罗回答说，没有比我更开明、更正直、更自制的人了。"听到这些话，法官们自然而然地发出了更强烈的反对之声，苏格拉底再次开口说道："然而，先生们，神在神谕中所说的关于拉塞戴蒙伟大的立法者莱库尔古斯的话，比论到我的还要伟大。据说当他进入神庙时，神对他说：'我正在考虑是称你为神还是人。'他并没有把我比作神，而是认为我比其他人优秀得多。"

"不过，即使是基于对神灵的信仰，我也不会让你过于盲目地相信神，而是应当仔细研究神灵所说的话。我问你们，据你们所知，还有谁比我更少受身体欲望的奴役吗？我既不接受别人的馈赠，也不接受别人的报酬，你还能说出比我更有独立精神的人吗？你是否能合理地认为谁比一个如此安于他拥有的东西，以至于别人的东西不会激起他的欲望的人更公正呢？因为我从懂事起，就一直在探究和学习我力所能及的每一件好事。许多以美德为追求的同胞，还有许多陌生人，选择与我交往而不选择与他人交往，这难道不是我的努力没有白费的确凿证据吗？我们又该如何解释这样一个事实：尽管所有人都清楚地知道我完全没有能力用金钱来回报他们，但还是有那么多人热衷于赠送一些礼物给我？你们又是如何看待这种情况的？为什么没有人向我索要好处，却有许多人向我表示感激？为什么在围城期间，当别人自怨自艾的时候，我的生活也不比城市最兴旺的时候更拮据呢？当别人花大价钱为自己买来市场上的美味佳肴时，我却不花一分钱就买到了比他们更甜美的心灵美食，这又是怎么回事？既然没有人可以判定我所说的关于我自己的一切都是假的，那么我从神灵和人类那里得到的赞美岂不就是理所当然的吗？然而，尽管如此，莫勒图斯，你还是认为我的这种习惯会败坏年轻人。我想，我们都知道这种败坏会有怎样的后果，你说一说谁在我的影响下，从一个虔诚的人变成了一个不虔诚的人，从一个节俭的人变成了一个挥霍的人，从一个不喝酒的人变成了一个嗜酒的人，从一个热爱健康诚实的劳动的人变成了一个好逸恶劳或者贪图其他邪恶的享乐的人呢？"

"但我确实知道，"莫勒图斯喊道，"你已经说服了许多人服从你而不服从生养他们的父母。"

"在教育方面,"苏格拉底回答,"我承认,因为他们知道我把这个问题当作一门学问。在健康方面,一个人宁愿听从他的医生,也不愿听从他的父母;在公共集会上,雅典公民信服的是那些最明智的发言者,而不是他们自己的亲戚;在选择将军的时候,你们难道不是选择那些在军事问题上最有智慧的权威者,而把自己的父亲、兄弟,甚至连你们自己都放在一边吗?"

"毫无疑问,苏格拉底,"莫勒图斯回答道,"这样做既合宜又合乎习俗。"

"那么好吧,"苏格拉底反驳道,"难道你不觉得,莫勒图斯,在别的事情上人们这么做,不仅能得到一般的待遇,而且还受到极大的尊敬;而我,仅仅因为我被某些人称为是对人类有最大好处的教育方面的精通者,就被你以死罪论处,这难道不奇怪吗?"

按理说,无论是他本人还是为他辩护的朋友们,都会说出比我记述的多得多的内容,但我的目的并不是记述他的全部受审经过,而只想说明:一方面,苏格拉底没有对神不敬,对人不公;另一方面,在他看来,死里逃生不是一件值得大肆庆贺的事情，相反，他认为自己的死期已经到了。后来，当案件对他不利时，他的这种想法就表达得更加清楚了。首先，当他被要求提出合适的刑罚时，他自己不提，也不让他的朋友们代提，他甚至说，提出这样的刑罚就等于认罪。后来，当他的同伴们想把他偷偷带出监牢时，他并没有听从他们的建议，而是把这个想法当作一个玩笑，并问他们是不是知道阿提卡城外有什么地方是禁止死亡的？

据说审判结束时，苏格拉底说："先生们，那些指使证人做伪证诬陷我的人，以及那些听从他们教唆的人，一定都意识到了自己的不诚实和不公正。但就我自己而言，如果我没有做控告我的人指控的任何一件事，我又怎会认为自己比在宣判之前更抬不起头来呢？没有人证明我代替宙斯和赫拉以及与他们为伍的诸神向新神灵献祭，也没有人指出我向任何其他神灵宣誓，更没有人说出他们的名字。连控告我的人都没有指控我做过任何可以判处死刑的事，比如抢劫寺庙、私闯民宅、贩人为奴或背叛国家。所以我不得不自问，你们怎么证明我做过这些该死的事呢？"

"同样，无辜地死去，也不能成为我人生的污点，因为那不是我的污点，而是那些判我死罪的人的污点。对我来说，帕拉梅德斯的结局与我的结局并无二致，我在他身上找到了某种安慰。即使在今天，有关他的歌颂主题仍然是比不公正地处死他的奥德修斯要多得多。我知道，过去和未来都会为我作证，我从未在任何时候伤害过别人，也从未让别人变得更坏，而是一直努力造福那些与我进行讨论的人，无偿地向他们传授我能力范围内的一切好处。"

说完，他转身就走，从他的眼神、手势和脚步中，都能看出他是那么的神采飞扬，与他所说的话完全一致。

当他看到跟在他身边的人在流泪时，他问道："这是怎么一回事呢？你们为什么哭泣？难道你们不知道，自从我出生以来，在漫长的岁月里，自然已经对我宣判了死刑吗？的确，如果当生命的祝福倾注在我身上时，我却过早地消逝了，我和祝愿我幸福的人当然会感到痛苦；但如果当我的生命在烦恼的前夜结束了，就我而言，我想你们都应该心存感激，为我的幸运而高兴。"

有一个叫艾安托多罗斯的人，他非常敬重苏格拉底，但在其他方面却是个头脑简单的人。他非常天真地喊道："苏格拉底，最难忍受的事就是看到你被不公正地处死。"据说，苏格拉底轻轻地抚摸着年轻人的头说："亲爱的，你是否更愿意看到我因某种正当理由被处死，而不是不公正地被处死呢？"说话时，他温柔地笑了。

还有人说，苏格拉底看到阿努图斯走过时说："这个伟大的人迈着多么骄傲的步子；他无疑以为他做了什么伟大而崇高的事，事实上，他指控我的原因仅仅是，我在看到他被城邦授予最高荣誉，却对他说，'不必再使你的儿子学做硝皮匠了'。这家伙真是个卑鄙小人！他似乎不知道，在我们两个人中，谁能在永恒意义上取得最好、最高尚的成就，谁才是这场诉讼的真正胜利者"。苏格拉底又说，"荷马认为，有些人在临死前有预知未来的能力，我也想说一句预言。有一次，我曾短暂地与阿努图斯的儿子交往过，在我看来，他并不缺乏精力。我要说的是，他不会长久地守在他父亲为他准备的工作上，但是，如果没有任何真诚的朋友和监护人，他就会染上某种卑劣的嗜好，在堕落中走很远。"

预言成真了。这个年轻人成了酒色的牺牲品；他日夜饮酒，从不间断，最后成了一无是处的人，对他的城市、朋友和他自己都毫无价值。至于阿努图斯，尽管他已经入土为安，但他的恶名仍然不胫而走，这既是他儿子卑劣的教养造成的，也是他自己缺乏人情味造成的。

诚然，苏格拉底的自我褒奖招致了法官们对他的嫉恨，使他们越发投票反对他。然而，即便如此，我仍然认为他获得的命运是天赐的，他在死亡的众多形态中找到了最容易的死法，并摆脱了生存的痛苦。此外，他还有一个多么光荣的机会来展示他灵魂的全部力量，因为当他一旦决定死比生更适合他时，就像在过去的日子里他从来没有反对过生命中的美好事物一样，即使面对死亡，他也没有表现出丝毫的软弱，而是欣然迎接死亡，偿还生命的债务。

就我自己而言，当我想起苏格拉底的智慧和他的高尚品格时，我既不能忘记他，也不能不赞美他。但是，如果那些以美德为追求的人中有谁遇到过比苏格拉底更有帮助的朋友，我将向这样的人表示祝贺，他是最令人羡慕的人。

苏格拉底哲学

——[英]伯特兰·罗素

对于历史学家来说，苏格拉底是一个很难研究的人物。可以说，我们对许多人知之甚少，而对另一些人知之甚多，但对于苏格拉底，就无从确定究竟是知道得多还是知道得少了。毫无疑问，他是一个出生于中产之家的雅典公民，他在辩论中度过一生，向年轻人传授哲学，但不像智者那样为了挣钱。他确实于公元前399年，在审判后被处以死刑，当时大约70岁。毫无疑问，他是雅典尽人皆知的人物，因为阿里斯托芬曾在《云》的剧本中描写过他。但在这之后却众说纷纭。他的两个学生色诺芬和柏拉图写了大量关于他的文章，但他们的说法却大相径庭。即便他们的观点一致，伯内特也认为色诺芬是在抄袭柏拉图。当他们意见相左时，有些人相信色诺芬，有些人相信柏拉图，有些人则两者都不相信。在这样一场危险的争论里，我不会贸然偏袒任何一方，但我会简要地阐述各种不同的观点。

我们先从色诺芬说起，他是一个军事家，头脑不开明，他的观点大体上是很传统的。色诺芬对苏格拉底被指责为不虔诚和败坏青年而感到痛心；他认为，恰恰相反，苏格拉底非常虔诚，对那些受他影响的人起到了很好的助益。他的思想看来不具有颠覆性，反而是平淡而普通的。这种辩护未免太过了，因为它没有解释人们为什么对苏格拉底怀有敌意。正如伯内特所说："色诺芬为苏格拉底的辩护太成功了。假如他真的是那样的人，就不会被处以死刑。"

还有一种倾向认为，色诺芬所说的一切都是真的，因为他没有足够的想象力去编造任何虚假的内容。这种说法也很靠不住。因为一个愚蠢的人复述一个聪明人所说的话，总不会太精确，他会不自觉地把他听到的东西转换成他能够理解的东西。我宁愿让我的哲学死敌来复述我的话，也不愿让不懂哲学的朋友来复述。因此，如果色诺芬的话是涉及哲学中的任何难点，或者是证明苏格拉底受刑是不公正的，那就恕我们难以接受了。

　　不过，色诺芬的有些回忆还是很有说服力的。他讲述了（柏拉图也讲述过）苏格拉底是如何持续思考让有能力的人担任要职的问题。他提出这样一个问题："如果我想补一只鞋，我该找谁呢？"一些聪明的年轻人会回答："鞋匠啊，苏格拉底。"他接着又问木匠、铜匠等，最后问道："谁应该修补国家这只大船呢？"当他与"三十僭主"发生冲突时，"三十僭主"的领袖克里底亚（此人曾在苏格拉底门下学习，知道苏格拉底的思考方式）便禁止他继续教导年轻人，而且还补充说："不要再讲你的那套鞋匠、木匠和铜匠的说辞了，由于被你反复提及，它们都已经说烂了。"（色诺芬《回忆苏格拉底》）。这件事发生在伯罗奔尼撒战争结束之后，斯巴达人建立短暂的寡头政府的时期。但在大多数时候，雅典都是民主的，就连将军也要通过选举或抽签产生。苏格拉底遇到一个想当将军的年轻人，建议他最好掌握一些战争的技艺。于是，这个年轻人就出去学了些简单的战术课。当他回来时，苏格拉底带讽刺地称赞了他一番之后，又让他回去继续学习。苏格拉底还让另一个年轻人开始学习金融原理。他用类似的方法对待包括国防部部长在内的许多人，但最终人们还是认为，用毒芹来让他闭嘴，比纠正他指责的种种弊病要容易得多。

至于柏拉图有关苏格拉底的叙述，其带来的困难与色诺芬的情况是截然不同的：我们很难判断柏拉图在多大程度上是在描绘历史上的苏格拉底，还是只想让对话中被称为"苏格拉底"的人成为自己观点的代言人。柏拉图不仅是一位哲学家，还是一位极富想象力的作家，他才华横溢、魅力无穷。没有一个人认为，就连柏拉图自己也不认为，他的对话录里的对话是真的按照他记录的那样进行的。但无论如何，在早期的对话中，谈话是十分自然的，人物也相当令人信服。正是柏拉图作为小说家的卓越成就，使人们对他作为历史学家的身份产生了怀疑。他笔下的苏格拉底是一个始终如一且极其有趣的人物，是一个远非大多数人能创作出来的人物，但我认为柏拉图是可以创作出来的，至于他是否真的是苏格拉底，这是另一个问题。

人们普遍认为，柏拉图对话录中最具历史价值的，当属《申辩篇》。文章宣称是苏格拉底在受审过程中为自己所做的辩护，当然，这不是一篇速记通告，而是事件发生几年后，保留在柏拉图记忆中的辩词，经过整理和文学加工而成。审判苏格拉底时，柏拉图就在现场，看起来几乎可以确定，柏拉图记录下来的，就是当时苏格拉底说的，而且泛泛来讲，柏拉图记录的目的就是为了还原历史。这篇对话，虽然有各方面的局限性，但足以准确地描述出苏格拉底的性格特点。

苏格拉底受审的主要事实毋庸置疑。对苏格拉底提起诉讼，是基于以下指控："苏格拉底是一个作恶者、一个怪人，无论是天上的，还是地下的，他都要去调查；他让较弱的说法看起来更有说服力，还拿这些去教导别人。"但仇视他的真正理由是，他被认为与贵族党派有关联；他的许多弟子属于这一派系，其中一些人身居要职时表现出了极大的危害性。然而，由于大赦的缘故，这一真实原因无法被明言。最后，雅典陪审法庭以多数票通过了苏格拉底的有罪判决，即法庭上大多数人都认为他有罪。按照雅典的法律，他可以要求比死刑稍轻的判罚。如果有罪判决成立，法官们要在控辩双方提出的判罚建议之间做出选择。此时，若苏格拉底提出实质性的惩罚建议，法庭可能会觉得量刑适当便予以采纳，这样做是最符合苏格拉底利益的。然而苏格拉底的提议却是处以三十米纳的罚金，他的一些朋友（包括柏拉图）愿意为他担保。苏格拉底提出的处罚太轻，惹怒了法庭，法庭上要求对他处以死刑的人，比宣判他有罪时还多。毫无疑问，他预见了这样的后果。显然，他并不希望通过让步避免死刑，他做出让步就等于承认自己有罪。

控方是民主政治家阿努图斯；悲剧诗人莫勒图斯，他"年轻而默默无闻，头发稀疏，胡须稀少，鼻子呈钩状"；还有一位默默无闻的演说家卢孔。他们坚称，苏格拉底所犯的罪是不崇拜国家所奉的神，反而宣扬其他的新神，罪孽更深重的是，他还以此教导青年，败坏青年。

柏拉图笔下的苏格拉底与真实的苏格拉底之间到底有怎样的关系？我们且不去纠结这个无法解决的问题，还是看看在柏拉图的笔下，苏格拉底是如何回应这一指控的。

苏格拉底一开始就指责他的检察官逞辩，并反驳了别人对他狡辩的指控。他说，他唯一擅长的辩才是对真理的辩才。如果他用自己习惯的方式说话，而不是用刻意修饰的辞令来表达，那他们也不必为此生他的气。他已经是70多岁的人了，而且在这之前从未上过法庭，因此，他们必须原谅他的这种说话方式。

他接着说，除了正式的指控者之外，他还有一大批非正式的指控者，这些人从法官们还是孩子的时候起，就到处宣扬"一个叫苏格拉底的智者，他推测天上的事，探究地下的事，并让较弱的说法看起来更有说服力"。他说，这种人是被判定不相信神的存在的。舆论引出的这些由来已久的指责比正式的控诉更危险，因为除了阿里斯托芬之外，他不知道谁才是真正的始作俑者。他在回答这些由来已久的控诉时指出，他不是一个科学工作者——"我不做任何物理上的研究"——他不是一个教师，也不以教书而挣钱。他继续取笑那些所谓的智者，否认他们拥有自诩的学识。之后，他接着问："我之所以被称为智者，却有如此恶名的原因是什么呢？"

有一次有人向德尔斐神庙求问，是否有比苏格拉底更智慧的人；德尔斐神庙传达的神谕回答说，没有。苏格拉底宣称，自己因此感到困惑，因为他一无所知。但是苏格拉底坚信神不会撒谎，于是他四处走访富有智慧的人，试图验证神谕是否有误。

他首先去拜访了一位政治家，"很多人认为他富有智慧，但是他认为自己比别人以为的更具智慧"。苏格拉底很快发现这个人一点也不智慧，并且把自己的想法友善但坚定地告诉了他，这样做的后果是"他开始憎恨我"。然后，苏格拉底又去拜访了诗人，请他们讲解他们作品中的内容，他们却做不到。"于是我知道，诗人写诗并非靠智慧，而是靠天分和灵感。"接下来，他去拜访了工匠，结果同样令他失望。他说在这过程中，自己结下了许多可怕的敌人。最后他总结道："只有神是智慧的；神的回答是要证明，人类的智慧几乎没什么价值，甚或说完全没有价值；神不是在说苏格拉底，神只是用我的名字加以说明，就像是在说：'世人啊，像苏格拉底那样，知道自己的智慧实际上毫无价值，才是最智慧的。'"揭露冒充有智慧的人，这件事占用了他的全部时间，最终导致他陷入极端贫困当中，但是他觉得证明神谕的正确，是一项使命。

他说，富裕阶层的年轻人没什么事可做，就喜欢听他揭露冒充有智慧的人，于是也开始这样做，从而增加了他的敌人，因为他们不愿意承认自己的伪装被识破了。

第一类原告就到此为止。苏格拉底现在开始审问他的起诉人莫勒图斯——他自称是"一个好人和真正的爱邦人士"——谁让青年人变得更好。莫勒图斯首先提到了法官，然后，在步步紧逼之下，他不得不说除了苏格拉底，每个雅典人都在让年轻人得以改善；苏格拉底随即祝贺这座城市的好运气；接着，他指出，好人比坏人更好相处，因此他不能愚蠢到故意败坏他的同胞；但如果是无意的，他应该接受莫勒图斯的教导，而不是在法庭上被指控。

起诉书说，苏格拉底不仅不崇拜国家所奉的神，反而宣扬其他的新神；然而，莫勒图斯却说苏格拉底是个彻头彻尾的无神论者，还说："他说太阳是石头，月亮是泥土。"苏格拉底回答说，莫勒图斯大概以为自己是在起诉阿那克萨戈拉吧，而阿那克萨戈拉的观点可以在剧院里以一个德拉克马的价格听到（大概是欧里庇得斯的戏剧里）。苏格拉底指出了彻底的无神论这种新的指控与起诉书之间矛盾的地方，然后再转入到更一般的论点上来。

《申辩论》的其余部分基本上是宗教性的。他曾是一名士兵，奉命坚守岗位。现在，"上帝命令我履行哲学家的使命，探究自己和他人，"如果他背弃自己的使命，那就会像在战场上擅离职守一样是可耻的。怕死并不是智慧，因为没有人知道死亡是不是好事。如果有人要他的命，条件是他不再像如今那样履行自己的使命，他会回答说："雅典的人们，我尊敬你们，也爱你们，但我要服从神，而不是你们，只要我还有生命和力量，我就永远不会停止哲学的实践和传授，劝诫我遇到的每一个人。……因为我知道，这是神的旨意；而且我相信，在这个国家里，没有比为神服务更大的好事了。"他接着说："无论我说什么，请求你们不要大喊大叫，我相信，听我说话对你们有好处，接下来我对你们说的话，也许会让你们叫喊起来，但千万不要这么做。我想让你们知道，如果你们杀了像我这样的人，那你们对自己的伤害比对我的伤害更大。没有人能真正伤害我，莫勒图斯不行，阿努图斯也不行，他们都不行，因为坏人是不被允许伤害好人的。我不否认，阿努图斯也许会杀了我，也许会把我流放，也许会剥夺我的公民权利，虽然他和其他人一定认为，这会给我带来很大的伤害，但我不那么认为，反倒觉得不公正地剥夺他人生命的罪恶要大得多。"

他说他申辩是为了法官，而不是为了自己。他是被神派遣到这个国家的一只牛虻，想再找一个像他这样的人并不容易。"我敢说你们会感到恼怒（就像将一个睡着的人突然唤醒），你们以为自己可以像阿努图斯建议的那样，轻而易举地处死我，然后就可以安睡余生。然而除非神眷顾你们，否则你们不会再遇见另一只牛虻。"

为什么他只在私下谈论，而不对公共事务提出建议呢？"你们已经听我在不同的时间和不同的地方说过，有一种神谕或征兆向我显现，它就是莫勒图斯在起诉书中嘲笑的神谕。这种征兆是一种声音，在我还是个孩子的时候就开始出现了；它总是禁止我，却从不命令我做任何事情，这就是阻碍我成为一名政治家的原因。"他接着说，在政治上，没有一个诚实的人能够活得长久。他举了自己不可避免地卷入公共事务的两次例子：第一次，他反抗民主制度；第二次，他反抗"三十僭主"。这两次都是因为当权者行为非法，他才反抗的。

他指出，在场的人中有许多是他以前的学生，也有学生的父亲和兄弟，而控方没有让他们中的任何一个人出庭作证，证明他败坏年轻人（这几乎是辩方律师在《申辩篇》中唯一会认可的论据）。他拒绝依照惯例，把他哭泣的孩子带到法庭上，以软化法官的心；他说，这种场面让被告以及这座城邦都显得可笑。他的工作是说服法官，而不是请求他们帮忙。

在三十米纳作为替代刑罚的提议被拒绝，并被判处死刑后（为此，苏格拉底指定柏拉图为他的担保人之一，并出席了法庭），苏格拉底发表了最后一次演说。"现在，判我有罪的人啊，我很想向你们预言；因为我就要死了，人在临死的时候都有预言的能力。我向你们这些杀害我的人预言，在我死后，等待你们的必将是比你们投票杀死我更重的惩罚，……如果你们认为处死一个人就可以阻止别人谴责你们的罪恶生活，那你们就错了；这既不是一条可行的，也不是一条光荣的逃脱之路；最简单、最高尚的方法不是压制别人，而是改善自己。"

然后他转向那些投票判他无罪的法官，说这是"一种暗示，发生在我身上的是好事，我们总认为死亡是不幸的人，是错误的"。因为死亡要么是无梦的长眠——这显然是好事——要么就是灵魂转移到另一个世界。"如果一个人能和俄耳甫斯、缪萨尤斯、赫西俄德、荷马交谈，还有什么是他不愿放弃的呢？如果真是这样，就让我一死再死吧。"在另一个世界，他可以和其他因遭受不公正判决而死的人对话，最重要的是，他可以继续探索知识。"在另一个世界，他们绝不会因为有人提问就将其处死，绝对不会。另一个世界的人不仅比我们更加幸福，他们还会永生，如果传说是真的……"

"分别的时刻到了，我们各自走各自的路，我去死，你们去活。只有神知道哪条路更好。"

《申辩篇》勾勒出了苏格拉底这类人的清晰画像：自信、

高洁，对世俗的成功毫无兴趣，相信有一个神圣的声音在引导自己，而清醒的头脑是正确生活最重要的先决条件。在最后一段话中，他想象了死后会发生什么，这让人们不可能不感觉到，他坚定地相信灵魂不朽，而他言谈间的不确定，不过是假设而已。像基督徒那样，因为害怕永受折磨而感到的困扰，苏格拉底是丝毫都没有的：他毫不怀疑，下一世的生活是幸福的。在《斐多篇》中，柏拉图笔下的苏格拉底给出了相信灵魂不朽的理由，但历史上真实的苏格拉底是否真受这些理由影响，我们无法定论。

毋庸置疑，历史上的苏格拉底的确声称自己受到神谕或命运之神的指引。圣女贞德受到声音的鼓舞，这是神志异常的常见形式。苏格拉底也容易有类似症状——至少，这似乎是对他服兵役时发生的一次事件的自然解释：

一天早晨，他在思考一件他无法解决的事情；他不愿意放弃，而是从黎明一直思考到中午，他就站在那里凝神思考；到了中午，人们都注意到他了，人群中便流传着这样一句话：“苏格拉底从破晓时分起就一直站在那里思考着什么。”最后，傍晚吃过晚饭后，一些伊奥尼亚人出于好奇（我要解释一下，这不是发生在冬天，而是发生在夏天），就搬来他们的铺盖，露天睡觉，以便观察他，看他是否会整夜站着。他在那里一直站到第二天清晨，天亮后，向太阳祈祷，然后就走开了。

这种情况在苏格拉底身上屡见不鲜，只是程度较轻而已。在《会饮篇》的开头，苏格拉底和阿里斯托得莫斯一起去赴宴，但苏格拉底却因出神而掉队了。当阿里斯托得莫斯到达时，主人阿伽通说："你对苏格拉底做了什么？"阿里斯托得莫斯惊讶地发现苏格拉底已不在自己身边，于是派了一个奴隶去找他，结果在邻家的门廊里找到了他。奴隶回来后说："他就呆呆地站在那里，我叫他，他也不动弹。"熟悉他的人解释说："他有随时随地就停下来的习惯，无缘无故地出神。"于是他们就让他独自待着，当宴会进行到一半时，苏格拉底才走进来。

每个人都认为苏格拉底非常丑陋；他有一个塌鼻子和一个大肚子；他"比萨提尔滑稽戏里的一切丑汉还丑"（色诺芬《会饮篇》）。他总是穿着破旧的衣服，赤着脚到处走；他对冷热、饥渴都无动于衷，这让所有人都大吃一惊。阿尔西比亚德斯在《会饮篇》中描述苏格拉底服兵役的情形说：

当我们的补给被切断，被迫断粮时，他的忍耐力简直令人惊叹，这种情况在战时经常发生，他不仅比我，而且比所有人都强，没有人可以和他相比。……他忍受严寒的毅力也令人惊讶。当时有一场严霜，因为那个地区的冬天实在太冷了，其他人要么待在家里，要么裹着多得可怕的衣服，而且都穿得很好，脚上还裹着毡子和羊毛；在这种情况下，只有苏格拉底光着脚踩在冰上，穿着平时的衣服，却比其他穿了鞋的士兵走得更好；士兵们都瞪着苏格拉底，因为他似乎瞧不起他们。

他对肉体情欲的驾驭，是常常为人强调的。他很少喝酒，但一喝酒就喝得比任何人都多；没有人见他喝醉过。在爱情方面，即使面对最强烈的诱惑，他仍然是"柏拉图式的"，如果柏拉图说的是实话的话。他是完美的奥尔菲式的圣人：在天堂灵魂和尘世肉体的二元对立中，他实现了灵魂对肉体的完全掌控。他最后对死亡无动于衷正是这种驾驭力的最终证明。但同时，他不是正统的奥菲克人；他接受的只是基本的教义，而不是奥尔菲教的迷信和净化仪式。

柏拉图笔下的苏格拉底，为后来的斯多葛派和犬儒学派做了准备。斯多葛派主张最高的善是美德，一个人的美德不会因外部因素而被剥夺；苏格拉底认为法官不能伤害他，就暗含了这一学说。犬儒学派鄙视世俗的东西，并通过放弃文明的舒适来表现他们的鄙视；正是这种观点导致苏格拉底赤脚和不穿衣服。

几乎可以肯定，苏格拉底的关注点是伦理道德，而不是科学。我们看到，他在《申辩篇》中说："我的关注点与物理推想毫无关系"。柏拉图最早的对话中一般被认为是最近于苏格拉底的，其主要内容是探究伦理术语的定义。《卡尔米德篇》涉及节制的定义;《吕西斯篇》涉及友谊的定义;《拉凯斯篇》涉及勇气的定义。所有这些对话都没有得出结论，但苏格拉底明确表明了他认为研究这些问题是很重要的。在柏拉图笔下，苏格拉底一直坚称自己一无所知，但是他不认为知识是无法获得的；相反，他认为追寻知识无比重要。他坚持认为，没有人会存心犯罪，因此只有知识能让所有人变得品行完美。

德行与知识之间的紧密联系是苏格拉底和柏拉图哲学的特点。在某种程度上，所有希腊思想中都存在这种联系，这与基督教思想完全相反。在基督教的道德规范中，内心的纯洁才必不可少的，最起码这是在无知者和有识之士身上都能找到的东西。希腊伦理学与基督教伦理学之间的这种差异，至今仍存在。

辩证法，指的是通过问答探寻知识的方法，这种方法不是苏格拉底发明的。辩证法似乎是由巴门尼德的弟子芝诺首先系统地加以使用的；在柏拉图对话录的《巴曼尼德斯篇》里，芝诺以这种方法对待苏格拉底，正如苏格拉底在柏拉图的其他作品中对待他人一样。这种方法不是苏格拉底发明的，但是有理由推断，苏格拉底实践并发展了辩证法。正如我们看到的，当苏格拉底被判处死刑时，他高兴地想到，在另一个世界里他可以永远地提出问题，而且不再被处死，因为他将永生不死。当然，如果他按照《申辩篇》中描述的那样——使用辩证法的方式，那么人们对他的敌意就很容易解释了：全雅典的骗子们都会联合起来反对他。

辩证法只适用于某些问题，但有些问题却并不适用。也许这有助于我们理解柏拉图的研究的特点，因为在大多数情况下，柏拉图的研究都是可以用这种方法处理的。在柏拉图的影响下，后来的大多数哲学家们都曾因辩证法带来的局限而被束缚。

有些问题显然不适合用辩证法来处理，例如经验科学。诚然，伽利略曾用对话录的方式宣扬过他的理论，但那只是为了克服偏见——他发现的那些正面理由不得不以一种矫揉造作的方式插入到他的对话录里。在柏拉图的著作中，苏格拉底一直佯装他只是在引用被提问者掌握的知识，因此，他将自己比作一个助产士。但是，当他在《斐多篇》和《美诺篇》中将自己的方法应用于几何问题时，就不得不问到一些任何法官都不允许的引导性问题。这种方法与回忆学说是一致的，因为回忆学认为，我们可以通过回忆以前知道的东西来学习知识。但这一观点却不适用于任何利用显微镜取得的发现，例如细菌传播疾病，我们很难认为这种知识可以通过问答的方法从一个本来对此一无所知的人那里获得。

苏格拉底的方法只适合处理这样的情况：我们已经掌握足够的知识，可以得出正确的结论，但是因为思维混乱，或者缺乏分析能力，最终没能得出正确的结论，用苏格拉底的方法，我们就可以合理利用我们掌握的知识。例如，"什么是正义？"这个问题，就非常适合在柏拉图的对话录中讨论。我们可自由地使用"公正"和"不公正"这两个词，只需要考察它们的使用方式，就能归纳出最与习惯相符合的那个定义。在这里，我们只需要了解相关词语的使用方式，但最后的研究成果也不过是一桩语言学上的发现，而并没有在伦理学上有所发现。

　　我们也可以进一步扩大这种方法的应用场景，让它在更高级别的事件中发挥价值。只需要考虑的是逻辑，而不是事实，讨论绝对是引出真理的好方法。例如，假设有人坚信民主是好的，但却不许持有某些观点的人投票，那么我们就可以断定这个人前后不一致，并且可以向他证明，他的两个论断中至少有一个或多或少是错误的。我认为，逻辑错误要比许多人认为的具有更大的实际重要性；它能使犯错者在每一个问题上轮流持有自以为是的观点。任何逻辑上连贯的学说都肯定在一定程度上令人痛苦，并与当前的偏见背道而驰。辩证法——或者更笼统地说，无拘无束地讨论的习惯——有助于增进逻辑上的一贯性，因而在这方面是有用的。但是，如果要处理的问题是发现新事实，只靠讨论绝对达不成目的。或许可以把"哲学"定义为"用柏拉图的方式可以探寻到答案的全部疑问"，但是，如果这算是一个恰当的定义，也是因为柏拉图对后世哲学家产生的影响。

柏拉图笔下的苏格拉底

——[德]雅斯贝尔斯

柏拉图对话录所塑造的苏格拉底形象，并非对史料的精准还原，未能细致展现当时的场景、对话进程以及具体论断。不过，尽管它并非完全依据历史记载创作，却也绝非纯粹的虚构之作。柏拉图所构想的这一形象，源于他对那个独一无二、神秘难测的真实人格的深切感悟。苏格拉底的这一形象，通过对话录中相互补充的篇章，逐步在我们面前清晰呈现。若要在对话的编年顺序中，如同雕塑技艺一般分辨出苏格拉底形象的具体演变，我们应当将其视作统一本质的多元展现。

这一多维呈现的整体画面，其本身就是清晰明确的真实。在此情形下，运用历史文献学的方法，按照可摄影、可录音的复现标准去探究其事实性，实乃徒劳之举。那些否认其历史真实性的人，任何论证都难以使其信服。世间需要有柏拉图这样的人物，才能洞察并向他人传达苏格拉底的真谛。柏拉图所看到的，我们也能与之共同见证：苏格拉底临终前的状况（《申辩篇》《克力同篇》《斐多篇》），以及他一生的言行（《会饮篇》《斐德罗篇》）。

苏格拉底的离世，体现出对"无知"的平静顺从，其中蕴含着难以言表的确信感。这种"无知"，正是关于死亡的所有论述的基础与终结。苏格拉底思索道：那些惧怕死亡的人，自认为知晓人类所未知之事。他们将死亡视为最大的厄运而心怀恐惧，却未曾深入思考，死亡或许是极大的福祉。死亡的两种可能情形都并非不祥之兆：它或许是归于虚无，丧失所有知觉，如同无梦的沉睡；若如此，漫长的时光也不比一夜美梦漫长。又或许，死亡是灵魂迁移至另一个地方，在那里，所有逝者都汇聚在一起，公正的审判者讲述真理，被不公正判决处死的人在此相逢，那里存在着另一种生命，人们在持续的对话中探寻智者，并实现与至善之人交流的无尽幸福。然而，无论死亡的真相究竟如何，对于正直之人而言，无论生前还是身后，都不会遭遇灾祸。

苏格拉底即便面临饮下毒酒的命运，仍试图说服朋友们，他并不觉得自己当下的处境是一桩不幸之事。他忆起天鹅临终歌唱的传说，对落泪的朋友们说道："这仿佛是你们轻视了我的预言能力，反倒看重了天鹅的本领。它们在感知到死期将近时，歌声愈发高亢、激昂，因为它们乐于亲近其所侍奉的神祇……我自认为与天鹅一样都是神的仆人，侍奉着同一位神，所获得的预言能力并不逊色于它们，这能力源自我的主宰，所以我不应比它们更悲伤地离开这个尘世。"

当苏格拉底阐述灵魂不朽的论证时，这种灵魂不朽"超越一切疑虑"的确定性，似乎是他内心平静的根源。然而，灵魂不朽的这种无条件性极为精妙：质疑的自由恰恰蕴含于行善与思辨求真的行动之中。"论证"不过是事后的验证。理性所证明的确定性，并非实实在在的拥有。苏格拉底反而明确提及为追求不朽而生活存在"风险"。对不朽的种种描述，构成了"一种合理的信念，值得我们冒险去托付。因为这冒险本身就是美好的，心灵的平静渴望那些具有魔力的景象所带来的悸动"。但为防止那种确定性沦为对知识的占有，苏格拉底将一切归之于一种宁静的基本态度的悬置：
"如果我所说的是真实的，那么相信它是有益的；反之，如
果死者已无所求，那么在临终前的这几个小时里，我将不
再用抱怨来烦扰在场的各位。但我的这份无知，也不会持
续太久。"

克力同询问苏格拉底希望如何安葬他。他回答道："随你
们安排；但你们得先抓住我，别让我溜走了。"说完，他平
静地笑了笑，补充道："克力同不愿相信我所说的，即眼前正
在与你们对话的苏格拉底，才是真正的我。他更愿意相信，
我即将看到的那具尸体，才是真正的我……你只管按照你
喜欢的方式，按照你认为最符合习俗的方式，去安葬我的肉
身吧。"

在苏格拉底临终前的那段时间里，友人对他的态度奇特
地混合着绝望与昂扬。他们的泪水和那份难以言表的喜悦，
将他们提升到一种难以触及的境界。他们不明白，自己正与
苏格拉底一同在信仰的庇佑下变得明晰，同时又因失去那位
独一无二的人而承受着无尽的悲痛。

对苏格拉底而言，死亡并无任何悲剧色彩。"如今，西
米亚和凯贝斯，以及你们诸位，都将依次离去；而我，正如

悲剧诗人所言，此刻命运在召唤。"此言寓意深刻：死亡的终点已变得无关紧要。苏格拉底已然超脱于时间之外。

他禁止朋友们哭泣："此处应当以寂静沉思作别。因此请诸位保持安静，克制内心。"因为苏格拉底追求的是在宁静真理中的共鸣；而哀叹，却无法将彼此联系起来。他友善地与妻子克珊西帕道别；哀号对他而言已毫无意义。灵魂的涌动应当在思想所能触及之处实现，而非不合理地沉浸于悲伤之中。然而，在人类的境遇里，我们常常被痛苦所掌控，不禁哀叹。但哀叹必须在临终前停止；在最后时刻，它必须让位于接纳的平静，与命运相契合。苏格拉底树立了这一伟大的典范：在撕心裂肺的痛苦看似理所当然之时，一种伟大的、充满慈爱的平静油然而生，开启了灵魂。死亡不再是重要之事。它并非被遮蔽，但真正的生命并非为死亡而活，而是为善而活。

尽管苏格拉底在直面死亡之际，似已全然超脱尘世，但他依旧以慈爱之心关注着人类现实的每一处细微之处，恰似他周到亲切地对待狱卒那般。他思索着何为恰当之举："在饮下毒酒之前，最好先沐浴一番，以免让女人们在清理我的遗体时徒增麻烦。"

悲怆的氛围在对世俗事务的关怀与幽默之中得以消解。这二者皆为平静的外在表现。德谟克利特内心的平静，源于一种自信、能干且顺从的"为人"的平和境界。他未曾经历过情感的剧烈激荡，而苏格拉底更为深邃、睿智的平静，正是在这种激荡的映衬下得以凸显。苏格拉底凭借对那值得以生命为代价之事的"无知之知"，获取了内在的自由。

《斐多篇》与《申辩篇》《克力同篇》一同，属于人类文明中为数不多的无可替代的文献。古代那些专注于哲学研究的先贤，直至古罗马时代晚期，仍反复研读《斐多篇》，并从中体悟如何在与命运和解的平静之中坦然面对死亡，即便命运有时充满了不幸。

我们不可被这种态度中冷峻的气息所迷惑。然而，阅读这些著作时，又很难不被其所引发的思维活动所吸引。此处所展现的，是一种不带有狂热色彩的主张，一种不陷入道德僵化的至高可能性，一种对"无条件者"保持的开放心境。在达到这一境界之前，人不应放弃自我，但却能够安然地生存，也能够平静地离世。

柏拉图著作中鲜活的苏格拉底形象，即便描绘得清晰确切，其身体特征仍透着神秘的色彩。他强健的体魄使他摆脱了一切生理需求的束缚，并且在饮酒时能保持坚韧。在一夜狂欢之后，他仍可与阿里斯托芬和阿伽同展开深刻的哲学对话。直到这两人都已酣然入睡，他才起身离去。"他前往吕克昂学园，洗了澡，如往常一般度过了一整天，直至傍晚才回家歇息。"然而，他的行为也可能有不同寻常之处。他会在路上驻足，陷入沉思，目光凝视前方。他甚至可以这样站立一整夜。当黎明来临，"他向太阳祈祷，然后离开"。他外貌如西勒诺斯般丑陋，却又散发着魔幻般的魅力。他无法被任何既定的规范所限制，他特立独行，令人难以理解；他的身份、言论与行为，似乎都蕴含着超越表象的深刻意义。

那么，苏格拉底究竟是怎样的人呢？柏拉图在《会饮篇》中借阿尔基比亚德之口对其进行了描绘。阿尔基比亚德纵酒无度，仿若纨绔子弟，且因他对苏格拉底那份令人费解的爱而背离了苏格拉底。然而此时，阿尔基比亚德向众人剖白了他心中的苏格拉底：

"我断言，他与雕塑家店里陈列的西勒诺斯塑像极为神似，那些塑像打开之后，里面便会显现出诸神的塑像……当一个人聆听他的话语时，便会不由自主地脱离自我，甚至被他所感召。至少我可以发誓，他的言辞对我产生的影响，至今仍令我深受困扰。因为每当我听到他说话，我的心跳比酒神祭司还要剧烈，泪水也不禁夺眶而出。然而，当我聆听伯里克利及其他优秀演说家的演讲时，虽然觉得他们言辞精妙，却从未有过这种感受，以至于认为自己无法以当下的状态继续生活。他迫使我承认自身存在诸多不足，然而，我却并未进行内省，反而投身于雅典的政治旋涡之中。因此，我强行捂住耳朵，如躲避塞壬般逃离。因为他是唯一一个能让我在众人面前感到羞愧的人。我曾多次希望他从这个世界消失！但倘若真的如此，我却会感到更加不安……你们无人真正了解他。但我愿意向你们揭示。你们当然看到苏格拉底对美少年满怀爱意，总是围绕在他们身边，为他们所吸引。但这仅仅是包裹着他的外在表象，如同雕刻而成的西勒诺斯。然而，当他的内在被揭示出来时，你们会相信吗？它是如此充盈着理性！要知道，无论一个人多么美丽富有，或拥有世人所推崇的其他任何优点，他都毫不在意。他轻蔑地看待这些微不足道的事物，虽然他从不明言，却一生都在与人们运用着他的反讽与玩笑。我不知道是否有人曾在他认真且敞开心扉时，见过他内心深处隐藏的那些神像。但我曾有幸目睹，在我看来，它们是如此神圣而光辉，完美无瑕，令人惊叹。"

相较于柏拉图笔下光辉耀眼的形象，色诺芬所描绘的苏格拉底虽然略显晦暗，但并非本质上的对立。色诺芬仅停留在现象层面进行观察，而柏拉图则洞悉其深层本质。色诺芬向我们展现了一个道德高尚之人，他因对人性有着透彻的理解，从而避免了偏执，展现出一种宽宏大度。柏拉图则洞察到一种取之不尽、用之不竭的人性精髓，超越了人性的界限。色诺芬仅看到苏格拉底零散的特质和具体的思想，如才智、健康与聪慧，并试图以同样的智慧评判苏格拉底的缺点，却一无所获。柏拉图则直击苏格拉底本质的核心，这只能通过隐喻来感知，其现象只能以象征的方式捕捉，他站在判断失效的边界，让位于对非凡事物的直觉洞察。色诺芬已有了定论，他通过收集并评判所有关于苏格拉底的资料而"拥有"了苏格拉底。柏拉图则深受触动，他经由苏格拉底投身于一场求索，这场求索的全部内涵，唯有通过柏拉图毕生的深究，才能揭示苏格拉底的实在与真理中所蕴含的一切。色诺芬为我们描绘了一个注重实用的理性主义学究，而柏拉图则描绘了一个受爱欲理念指引的人，一个通过思考步入绝对善之光辉的人。两者都停留在人的层面，并未将其神化。然而，在色诺芬笔下，苏格拉底及其可能的真理是一个被完全了解的存在，可以用道德理性主义来完全阐释；在柏拉图心中，苏格拉底则是一个从无尽深渊中发声的存在，他生命的来源和归宿都是高深莫测的。

苏格拉底之死，促使其哲学焕发出惊人的生命力。面对这一史无前例的事件，苏格拉底的朋友们承担起一项使命：传述他的生平，为他作证，并以他的精神延续哲学探索。由此，苏格拉底文献应运而生，其中最卓越的成果便是柏拉图的作品。苏格拉底的预言果然成真：他的朋友们难以平静。尽管苏格拉底未曾留下任何著作与学说，更无系统可言，但希腊哲学史上最为宏大的运动却因他而发端，并延续至今。

然而，关键之处在于：苏格拉底并未在其门徒身上得到单一明确的呈现。随之兴起的并非单一学派，而是学派林立的多元格局。各家学说皆以苏格拉底为源头，但其思想之间却构成了一个存在内在矛盾的可能性世界。苏格拉底本人的形象也因此变得多元。唯一的共同特点是：在与苏格拉底的交往中，他们都体会到了自身的转变。正是这种难以消解的多样性，使得苏格拉底逝世后即刻出现且至今仍未平息的状况——即对苏格拉底真实面貌的统一认知始终未能达成——成为一种不可避免的现实。

生成这种纷繁派别的核心，正是"思想"本身。通过思想，那些与苏格拉底相遇的人，实现了内在的转变。这种思想通过认同一切有价值的事物而获得独立性。在思维的深邃之中，人类得以洞悉其至高无上的潜能；然而，也正是循此路径，我们或将坠入意义消散的深渊。思想唯有在其包含通过思想所呈现的事物，且超越其自身时，才是真理。柏拉图称之为"善"，称之为"存在的永恒"；但这是柏拉图对苏格拉底所作的精妙阐释。经由苏格拉底，思想以其至高无上的要求和至高无上的危险，赫然显现。一旦与之接触，便会产生所有苏格拉底学派门徒所感受到的那种思想的激扬。在苏格拉底之后，思想方式本身出现了分裂。难道所有人都自认为拥有苏格拉底的思想，而实际上却无一人真正拥有吗？这是否正是那种永无止境的驱动力的根源，至今尚未到达终点，却能不断积蓄力量，直至不可预见的未来？

苏格拉底学派数量众多。色诺芬仅告知我们，这些学派的特征体现在其思维模式的具体实践上：麦加拉学派（以欧几里得为代表）发展了逻辑学和辩论术，发现了重要的诡辩（如"说谎者悖论"），其成员狄奥多罗斯·克洛努斯还揭示了可能性观念的奇特属性；伊利亚学派（以斐多为代表）则专注于辩证方法的研究；犬儒学派（以安提斯泰尼为代表）秉持无欲无求和内在独立的路径，否定教育与文明的重要性，著名的锡诺普的第欧根尼即出自此派；昔勒尼学派则基于自然和快乐的条件发展出伦理学说，即"享乐主义"。然而，柏拉图却反对这些片面观点，他凭借其思想的广度、深度和发展潜力，为苏格拉底哲学奠定了未来的伟大走向，并成功避开了所有那些思想的死路。这些哲学流派，无一能完全代表苏格拉底的全部思想。它们都应被视为苏格拉底思想在不同层面的可能性展现，其多样化的面貌皆映射着苏格拉底思想的深邃。

在后世，苏格拉底的形象发生了转变。他对后世产生的影响，使得人们所塑造的苏格拉底形象，反倒掩盖了他的真实存在，而他的真实面貌唯有透过这些形象才能够隐约显现出来。正因为如此，众多甚至几乎所有的古代哲学家，尽管彼此观点相悖，却都能把苏格拉底视为理想哲学家的典范。

他因此在漫长的岁月里保持了其独一无二的地位。

早期教会的教父们，对苏格拉底的名字也极为尊崇。他们将他视作基督教殉道者的先驱，因为他和基督徒一样，为自己的信仰而牺牲，并且同样被指控蔑视传统神祇。更有甚者，苏格拉底的名字甚至被与基督相提并论。殉道者查士丁便将苏格拉底与基督并列，共同对抗希腊异教。"只有一个苏格拉底"，塔提安如此表述。奥利金则在苏格拉底与耶稣之间发现了诸多相似之处。狄奥多雷特认为，苏格拉底对"无知"的认知为信仰开辟了道路。苏格拉底的自我认知，正是通向认识上帝的途径。苏格拉底洞察到：唯有纯粹的精神，不被世俗情欲所污染，才敢于接近神性。他坦诚自己的无知。然而，由于他的谈话未能得出关于至善的任何清晰概念，他所做的不过是激发、捍卫，而后又推翻，所以奥古斯丁说，每个人都可以从中获取自己需要的东西。

只要基督教早期的几个世纪仍处于古典时代的余晖笼罩之下，苏格拉底的声名就得以延续。到了中世纪，他的光辉逐渐黯淡，但偶尔仍会闪现。犹大·哈勒维认为苏格拉底代表了人类最完美的智慧，但却无法触及神性。文艺复兴时期，随着独立哲学的复兴，苏格拉底也重新焕发生机。伊拉斯谟甚至写道："圣苏格拉底，请为我们祈祷。"在蒙田看来，苏格拉底的思想体现了怀疑主义和人性的本真，他主要强调的是在面对死亡时保持平静的可能性。到了启蒙时代，苏格拉底被视为独立思想家和道德自由的伟大捍卫者。对门德尔松而言，他高尚的道德品行是上帝存在和灵魂不朽的证据（《斐多篇》）。然而，所有这些都仅仅是前奏。直到克尔凯郭尔才首次找到了通往苏格拉底的原始路径，他是现代哲学家中对苏格拉底阐释最为深刻的人。他阐明了苏格拉底的反讽与助产术，认为苏格拉底的使命并非传递真理，而是激发他人去探寻真理。尼采则严厉批判苏格拉底是站在希腊悲剧精神的对立面，宣称他是主知论者和科学的奠基人，却破坏了希腊的世界观。尼采一生都在与苏格拉底较量："苏格拉底与我如此贴近，我几乎一直在与他纠缠不休。"毫无疑问，哲学的未来命运也反映在它对待苏格拉底的态度之中。

回顾历史，我们几乎可以说，苏格拉底无论其真实面貌是已知还是未知，都已成为一个载体，不同的时代和个人从中获取所需，将他塑造为各种形象：有时是谦逊敬畏上帝的基督徒，有时是自信的理性主义者，有时是具有恶魔般人格魅力的天才，有时是人类的预言先知，甚至偶尔，他被视为一位披着哲学家外衣、暗藏夺权企图的政治阴谋家。然而，他并非其中任何一种形象。

现代文献学研究为此提供了新的视角。自施莱尔马赫以来，学者们致力于构建一个可靠的苏格拉底形象，他们提出的问题是：基于现有的史料，我们能对苏格拉底的历史真实性了解多少？文献学发展出历史批判的方法，试图呈现一个剔除了诗意幻想和传奇色彩的苏格拉底画像。

然而，令人惊讶的是，其结果并未形成一个被普遍认可的、科学的苏格拉底形象。真正达成的，反而是对构建历史画像之可能性的澄清，以及一系列相互矛盾的形象。试图统一这些批判性重建的苏格拉底形象，是徒劳无功的。在这种情况下，诸如柏拉图、色诺芬、阿里斯托芬和亚里士多德等人的史料价值，有时被过度抬高，有时又被过度贬低。最激进的结论由吉贡得出：由于没有关于苏格拉底的任何历史记载，只有诗意化的虚构，且苏格拉底本人从未留下任何文字，因此构建苏格拉底哲学是不可能的。吉贡揭示了沉迷于苏格拉底之谜的徒劳。然而，他也承认，并非偶然的是，阿里斯托芬选择苏格拉底作为一种混杂了自然科学、启蒙思想和诡辩术的糟糕哲学的代表；并非偶然的是，苏格拉底而非其他诡辩家在公元前 399 年被判处死刑；也并非偶然的是，苏格拉底在同样重要且广博的文学作品中，成为真正的哲学家形象。但吉贡认为，我们不清楚这其中的原因。我们必须放弃对历史上的苏格拉底的追寻。

另一方面，亦存在多种尝试，旨在对不同资料展开批判性整合。例如，依照施莱尔马赫的公式："除色诺芬所描绘的形象外，苏格拉底究竟是何等人物，才不至于与色诺芬所确定的苏格拉底之特征及人生准则相抵牾？他又须是怎样的人，才能够让柏拉图有合理依据在对话录中以其呈现的方式对他加以描绘？"那些不愿放弃探寻的学者转而诉诸"历史感"，借助比较与整合数据的方式来勾勒苏格拉底的历史形象。

倘若科学以其强制性为显著标志，那么在此情形下，科学要么毫无收获，其位置被零散的片段与轶事所替代；要么自相矛盾，试图揭示超出批判方法所能检验范围的内容，其结果便是产生一系列相互矛盾却又经批判确认的形象，进而无法获取任何科学知识。

于是，苏格拉底被视作柏拉图哲学的准备阶段，是"概念"之道的发现者（泽勒依据亚里士多德的观点）。或者，有人认为他并非哲学家，而是道德领域的革命者、先知，是自我掌控与自我完满伦理观的开创者（海因里希·迈耶尔的主张）。亦有人主张，他是柏拉图所有对话录中的苏格拉底，是"理念论"、灵魂不朽说、理想国的创立者；柏拉图所记载的一切均为历史事实（伯内特和泰勒的主张）。与之相对，维尔纳·耶格尔提出了如下合理的方法论：苏格拉底具备上述各观点的部分特征，但需加以限制（特别是柏拉图后期对话录中的哲学理论，不应归属于苏格拉底）；所有关于苏格拉底的想象与描述，其可能性必然存在于苏格拉底本人之中。耶格尔因此更明确地指向了事实的真实性，尽管他的方法已然合理地超越了作为提供强制性证明的文献学范畴。

通过对流传下来的苏格拉底相关资料的研习，每个人心中皆得以勾勒出一幅苏格拉底的肖像。在各种可能性之间徘徊不定，在不确定性意识的笼罩之下，一幅我们认定为真实而非诗意虚构的苏格拉底形象，依旧鲜明地呈现在我们眼前。即便当我们以单一、直观的现实标准去审视时，苏格拉底似乎隐而不见，然而他那令人难以回避的人性力量与摄人本质，却始终屹立在我们面前。构建一幅完全契合历史事实的苏格拉底肖像，并非易事。更进一步来说，将苏格拉底纳入我们的思想视野，构成了我们进行哲学思辨不可或缺的前提之一。或许可以说：今日之哲学，若没有苏格拉底，便无从谈起，即便他仅仅是那个遥远过去的一丝微弱闪光。一个人对苏格拉底的体悟方式，将从根本上影响其思想的基调。

苏格拉底去世后不久，便出现了一种非哲学性的误解，这种误解在伪柏拉图对话录中可见一斑。

克勒托丰向苏格拉底提出质疑："你仅会激励他人，却从未指明人究竟应当做些什么。朋友之间相互赞美正义与和谐固然是美事；而当一个人忽视自身灵魂的需求，却为他人的烦忧劳心费力，这确实显得荒谬。"然而，克勒托丰此时想要知晓，正义的作为究竟是什么？他所听到的，不过是关于得体、应尽、有用和有利的空泛言论。他从未听闻一个明确的目标。因此，克勒托丰追问："难道一切都仅仅是一种简单的激励吗？难道我们一生的任务，就是去激励那些尚未受到激励的人，而他们又将承担同样的任务去激励他人吗？"克勒托丰对苏格拉底说："在促人向善方面，无人能与你相提并论。对于那些尚未被激励向善之人，你的价值无可估量。然而，对于一个已然感受到这种激励的人而言，你却有可能反而阻碍他达成德行的最高目标。"因此，面对那些已接受激励的人，苏格拉底此时应当停止其仅仅具有激励性和准备性的谈话，转而告知他们在完成准备之后，具体应在哪些方面加以精进。克勒托丰渴望获得明确的指示。在此，我们以一种善意的形式，看到了迄今仍在不断重现的现象：人们期望从哲学中获取它所无法给予的东西，因而流露出失望之情。人们渴望获得唾手可得的真理，然而，真理的本质唯有在其内在思维行动中才能被本源性地领悟。

伴随着这种失望情绪，另一种截然不同的反应也随之产生。人们强行将自身渴望之物寄托于苏格拉底身上，为其披上神秘的外衣，使其成为救世主或魔法师般的存在。这种情形在《塞亚吉斯篇》中有所体现。该篇记载：许多人与苏格拉底交往后，取得了令人瞩目的进步，即便仅仅与他共处一室，也会有所收获；若同在一房之内，进步则更为显著；若能见到苏格拉底本人，收获将更大；若能坐到他身旁并与之有身体接触，所获得的改变则最为明显。这种对激发性对话力量的理解，被错误地转化为一种带有感性色彩的神秘事物。与之相应，苏格拉底的"精灵之声"被诠释为神谕。此时的"精灵之声"不再仅仅是那个只对苏格拉底本人言说，且总是持否定态度的声音，而是成为赋予苏格拉底以造福他人的一种"器官"。甚至有一人，因未听从苏格拉底转达的精灵之声而行动，最终失去了生命。

对于苏格拉底形象乃至哲学本身的理解，乍看之下似乎仅经历了一个微不足道的转变。然而，在苏格拉底真实存在中鲜活的理性呈现，与那些被赋予魔力色彩、在传说中所描绘的形象之间，实际上存在着一道难以跨越的鸿沟。苏格拉底影响力之巨大，恰恰在于，与其本质相契合的是，这些神话式的描绘最终都自行消散了。它们虽有可能出现，却无法取代源自苏格拉底的那种冷静、理性的热爱。

自苏格拉底之后，思想的彻底解放及其内在奥秘开始发挥作用。自那时起，凡是投身于这种思想的人，便再也无法陷入幼稚的认知状态。这种获得解放的思想，本身已成为一个重大问题。将生命建立在思想反思之上，并在理性中探寻一切的根源与尺度，这一诉求并非仅依靠思想作为一种可被我们掌握和运用的技术就能得到满足。此后，思想的自我澄清能够区分并阐释认知的各种方法和逻辑的运行机制，使其可供我们使用，从而极大地拓展了思想自身的可能性。然而，思想仍需要更为深厚的根基，否则，其所领悟的纯粹逻辑将沦为一种纯粹的技术，成为毫无意义的工具组合，丧失其在缺乏指引的行动多样性中的所有意义。思想不可能被局限于一种完美的"思想的思想"。

因此，苏格拉底的思想并非"科学"的奠基——科学的基石早已由伊奥尼亚的自然哲学家们奠定。然而，从这一全新的思维源泉中，科学获得了前所未有的发展动力。

苏格拉底的思想也并非对"存在之符码"的哲学解读的奠基——这种奠基早在苏格拉底之前的哲学中就已大规模完成。然而，在苏格拉底的思想里，这种形而上学的思维获得了重新塑造与自我辩护的可能性。

前苏格拉底哲学家的思想具有素朴性，智者的"思想之思想"则具有反思性。苏格拉底以一种全新的、辉煌的"纯真"视角洞察了这两种思想。自此以后，人通过自我的"准备就绪"，得以开启真正的生命历程。苏格拉底在吸收智者漫无边际的反思之后，并非试图瓦解人类存在的根基，而是致力于在内在行动中，使思想本身的本质得以具体呈现和验证。

何为思想，所有后来的苏格拉底门徒都心领神会。然而，对于当下思想的实践而言，这个问题依旧悬而未决。直至如今，无人能通过其理论活动充分阐明这种思想的真实面貌究竟为何。

但它始终是思想。亚里士多德在描述苏格拉底为"概念"的发现者（即在对话中从个别事物推导出普遍概念）时，以他自己的思想表达方式，确立了一项即便在柏拉图对其概念进行了最为辉煌的发展之后，他本人或许也未能完全理解的见解。

苏格拉底的思想具有包罗万象的特质，它源于唯有在"有知的无知"形式下才能触及的真理，并由一种信念所支撑，即真理和真实的存在会向诚实的思考中显现。因此，这种思想在一个超越思想本身的领域中得以实现。思想有责任倾听自身之内的"他者"，当它陷入概念的纯粹可思性及其空洞的游戏时，便是犯错的表现。

这种思想面临着两种可以避免的错误方向。一方面，它可能堕落为一种道德主义，成为对正确行为的抽象辩护。另一方面，它可能在非理性中寻求自身的合理性。通过避免这两种情况，它始终指向在每一个真实的思想行动中，作为确定性和不可触及性而显现之物的可思性。

这是一种绝不允许人自我封闭的思想。它不容许那些拒绝接近的人逃避，它使盲目的幸福意志、冲动的满足以及存在的狭隘兴趣都变得痛苦不堪。这种思想既开启了开放的风险，又对其加以限制。

在苏格拉底的影响范围内，存在的是自由的自我确信，而非信仰的信条。在这里，友谊是迈向真理的动力，而非基于信仰的宗派形成的基础。在人类可能性得以澄明的光辉中，苏格拉底在同一层面上与"他者"相遇。他不需要门徒。因此，他甚至试图通过自嘲来消解自身过于强大的存在感。

苏格拉底与希腊悲剧

——[德]尼采

众所周知，在希腊悲剧最古老的形式里，仅以狄俄尼索斯的苦难作为主题，并且在相当长的时期内，舞台之上唯一的英雄便是狄俄尼索斯。但同样无可置疑的是，直至欧里庇得斯时代，狄俄尼索斯始终未曾丧失其作为悲剧英雄的地位；相反，所有于希腊舞台上出现的著名人物——普罗米修斯、俄狄浦斯等——不过是原始主角狄俄尼索斯的面具。正是这些面具背后所隐藏的神性，构成了那些人物令人震撼的"典型性"或"理想性"的根本缘由。

有人曾论断：所有个体之所以显得可笑，在于其为个体，故而不具备悲剧性。由此可以推断，希腊人根本难以忍受将纯粹的个体搬上悲剧舞台。事实上，他们似乎的确有如此感受；正如柏拉图在其哲学中对"理念"与"偶像"（即摹本）的区分以及价值判断，深刻地植根于希腊民族的精神本质之中。

借用柏拉图的术语，可以说：那些古希腊悲剧人物只是唯一真实存在的狄俄尼索斯在不同面具下的显现，似乎被禁锢于个体意志的罗网之中。在显形中的神说话、行动，宛如一个迷失、挣扎、受苦的个体。他之所以以如此清晰、史诗般的确切性呈现，是由于日神阿波罗的作用——正是他以梦境的语言来解读合唱队的酒神状态。

然而，实际上，那个所谓的英雄是神秘祭仪中受苦的狄俄尼索斯，是承受个体化苦难的神灵。他那美妙的神话讲述了他在孩提时如何被泰坦肢解，如今则以扎格柔斯的身份受到崇拜。这暗示着：这种肢解，真正的酒神式痛苦，如同被分化为空气、水、土壤和岩石。因此，应当将"个体化状态"视为一切痛苦的根源与本质，甚至应将其看作一种本身就应受谴责的存在。

奥林匹斯诸神源于狄俄尼索斯的微笑，而人类则诞生于他的泪水。作为被肢解的神，狄俄尼索斯兼具残忍、狂野的恶魔性与温和、仁慈的主宰性双重特性。然而，那些参与秘仪的人期望狄俄尼索斯能够"重生"，我们应将此理解为"个体化终结"的先兆：正是为了迎接即将降临的"第三位狄俄尼索斯"，人们才唱出那充满喜悦的赞歌。

唯有在这种希望之中，破碎成个体的世界才有可能闪现出一丝欢乐的光芒。正如神话所展现的，当永恒哀伤的得墨忒耳听闻她可以再度生下狄俄尼索斯时，她才首次重新体会到喜悦。

在上述观点之中，我们已然看到了一个深刻的、带有悲观色彩的世界观的全部要素，也能够由此把握"悲剧的神秘教义"的本质：即万物统一的根本信念、个体化是罪之根源的理念，以及将"美"与"艺术"视作一种令人宽慰的希望——它们预示着个体束缚将被打破，也预示着统一的回归将得以达成。

将悲剧中最初且最为强烈的酒神要素剔除，并试图在完全非酒神的艺术、习俗和世界观的基础上重建悲剧——这正是欧里庇得斯在我们面前清晰展现的倾向。

欧里庇得斯在晚年借助一则神话，向他的同时代人强烈地提出了这种倾向的意义与价值之问：酒神性的东西是否值得存在？是否应当将其从希腊文化的土壤中彻底清除？当然，诗人告知我们：倘若可以，他宁愿将其根除；但狄俄尼索斯的力量过于强大，连最聪慧的反对者——正如《酒神女伴》中的彭透斯——最终也会被他诱惑、迷醉，继而走向毁灭。

两位年长者卡德摩斯与提瑞西阿斯的判断，似乎也是这位老年诗人的最终判断：即便最理智的思想，也无法推翻那些古老且根深蒂固的民间传统，也无法动摇对狄俄尼索斯持续的崇拜。甚至可以说，面对这些奇异的力量，哪怕仅仅出于外交礼节，也应表示某种程度的参与；然而，即便如此，神依然可能对这表面的参与心存不满，最终就像卡德摩斯一样——把"外交家"也变成一条龙。

欧里庇得斯，这位诗人，在其一生当中，以英雄般的姿态对抗狄俄尼索斯，然而最终在生命的尽头，却以对手的赞美和自我毁灭的方式告别了戏剧舞台——恰似一位因眩晕而痛苦不堪、再也难以忍受的人，为摆脱那种眩晕，选择从高塔纵身跃下。他的最后一部悲剧，实则是对自身倾向可行性的否定性抗议；可惜，一切已然成为既定事实。奇迹已然发生：诗人虽已收回其理念，但他的倾向却已然取得胜利。

狄俄尼索斯已被逐出悲剧舞台，这一结果是借助某种从欧里庇得斯之口发出的"恶魔般的力量"达成的。从某种意义上讲，欧里庇得斯本身不过是一个面具；而在他口中发声的那位神明，既非狄俄尼索斯，亦非阿波罗，而是一位新生的恶魔——名为苏格拉底。

这便形成了新的对立：酒神性与苏格拉底性——二者之间的冲突，终结了希腊悲剧的艺术生命。

即便欧里庇得斯试图用其晚年的反思来宽慰我们，他亦无法成功：最辉煌的殿堂已然沦为废墟，毁灭者的悔恨与哀叹，即便承认那是人类最美的艺术殿堂，又有何意义？欧里庇得斯甚至因此遭受惩罚，被后世的艺术评论家贬称为"那条龙"——然而，谁又会满足于这样一种可悲的补偿呢？

那么，如今让我们深入探究"苏格拉底式倾向"——正是这一倾向被欧里庇得斯引入，并用以对抗乃至摧毁了埃斯库罗斯悲剧的艺术形式。

那么，我们必须进一步追问：欧里庇得斯将悲剧全然建立在非酒神基础之上的意图，在其理想实现的最高状态下，究竟会导向何方？倘若戏剧不再能由音乐的母体孕育，不再源自酒神那神秘而朦胧的源头，那么，戏剧还能呈现何种形式？

仅有一种可能：戏剧化的史诗。在这一日神式艺术的领域中，悲剧效果显然难以生成。这与所描绘事件的内容无关——我甚至敢断言，即便歌德在构思其《瑙西卡》时，设想让这位田园式女主角在第五幕自尽，亦不会引发真正的悲剧震撼——因为史诗式的日神力量过于强大，它能够凭借对"表象"的美感以及"通过表象而获得的解脱"，将一切恐怖消解于我们眼前。

戏剧化史诗的演员，如同吟游诗人，永远无法全然沉浸于自己所塑造的画面之中——他始终置身一旁，沉静、清晰，以思辨的眼神，引领我们望向那个画面。在这类剧作里，演员的本质实际上就是讲述者本身；内在梦想者的神圣光辉始终笼罩着他们的行动，使其始终无法成为真正意义上的"演员"。

唯有如此，我们方能理解歌德的《在陶里斯的伊菲革涅亚》为何堪称最伟大的戏剧史诗作品之一。

那么，欧里庇得斯的剧作与这种纯粹日神式戏剧的理想究竟存在何种关联？他与那个古老时代的庄严吟游诗人相比，更似柏拉图《伊翁篇》中自述特性的那位年轻诗人："当我讲述悲伤的故事时，眼中满是泪水；而当我讲述可怕和恐怖的事情时，头发因恐惧而直立，心跳如雷。"

在此，我们既看不到那种沉浸于表象、史诗般的冷静状态，也看不到真正演员那种情感抽离的从容——后者正是在最投入的演出中，依然是纯粹的表象以及对表象的享受。欧里庇得斯则是一位心跳加速、头发直立的"演员"；作为一位苏格拉底式的思想家，他构思剧本；作为一个情绪高涨的演员，他将剧本付诸实践。无论是在构思还是实践过程中，他都不能被视为一位纯粹的艺术家。故而，欧里庇得斯的戏剧既冷静又激昂，既僵硬又炽热；它既无法达成日神式的史诗效果，也几乎完全摒弃了酒神成分。于是，为实现预期效果，他不得不引入一种新的刺激手段，而这已不再属于日神或酒神这两种艺术冲动的范畴。

这些新手段，乃是冷静的、与艺术无关的反常理智思想——取代了日神的观照，以及强烈却非审美化的情感——取代了酒神的狂喜。这些思想和情感极为现实、极为自然，从未受过艺术氛围的熏陶。

因此，倘若我们认识到欧里庇得斯实际上并未成功将戏剧完全建立在日神基础之上，而是误入自然主义和非艺术化的歧途，那么我们便更接近"审美苏格拉底主义"的本质了。它的最高准则大致为："只有可理解的，才是美的。"这与苏格拉底所说"唯有知识者才是道德的"形成了对应。

欧里庇得斯依据此准则对所有戏剧元素，诸如语言、人物、结构以及合唱队的功能等，进行了衡量与改造。人们常将欧里庇得斯与索福克勒斯相比较，并批评他在艺术层面有所退步。而此类批评，往往源于他那种彻底批判性的创作态度以及冷峻的理性主义。欧里庇得斯的"序幕"正是这种理性方法的一项成果。

在当下的认知中，没有什么比他戏剧里单人开场的序幕更不符合现代舞台习惯了：一个人物独自登台，介绍自身身份、故事发生前的背景、截至当时的发展状况，以及剧情即将展开的方式。在现代编剧看来，这简直是对戏剧悬念的蓄意破坏。既然一切都预先说明了，谁还会耐心等待事态的发展呢？在这样的剧作里，人们无法体验到梦境般的预示与现实发生之间那种激动人心的关联。

然而，欧里庇得斯持有不同的看法。他认为悲剧效果既不依赖史诗式的悬念，也不依赖对未来未定之事的紧张期待，而是取决于那些宏大、富有修辞性和抒情性的场面。在这些场面中，主人公的激情与辩证思辨汇聚成一股汹涌的情感洪流。所有情节设计皆服务于悲情，而凡是不能为悲情做铺垫的部分，皆被视为可舍弃的内容。

妨碍观众沉浸于这些场景的最大阻碍，在于他们对故事背景仍存在诸多疑惑。只要他们还在努力厘清角色的身份、意图以及动机冲突的前提，就难以全身心投入主人公的苦难与行为之中，也就无法产生那种"屏息的同情与恐惧"。

埃斯库罗斯与索福克勒斯运用极为高超的艺术手法，在开场几幕看似不经意地交代了故事所需的信息。他们巧妙地将"必要的程式"包装成"偶然事件"，这彰显了崇高的艺术天赋。而欧里庇得斯则认为观众在开场阶段往往焦躁不安，忙于梳理背景，从而忽略了诗意与悲情。因此，他将序幕安排在正式开场之前，并由值得信赖的角色来阐述。这位角色通常是神祇，其任务是为观众确立神话的真实性并承诺剧情的发展。

这与笛卡尔在哲学中借助上帝的真实性来保证经验世界的存在颇为相似。欧里庇得斯在剧末同样需要类似的"神圣保证"，以确保英雄命运最终的圆满或安宁。这便是众所周知的"机械降神"的作用所在。

在史诗式的开端与预告之间，是戏剧的当下，是真正意义上的抒情瞬间，即"戏剧本身"。

因此，欧里庇得斯首先是一位具有自我意识的诗人。也正因为如此，他才在希腊艺术史上占据如此独特的地位。作为批判性创作者，他仿佛要在戏剧中复活阿那克萨戈拉的那句名言："起初万物混杂，随后理智出现，创造了秩序。"

如果说阿那克萨戈拉以"理智"之名，如同一个在酒宴中突然清醒的人，踏入哲学的世界，那么欧里庇得斯或许也如此看待自己与其他悲剧诗人的差异。只要那位宇宙的秩序者与统治者——理智仍被排斥在艺术之外，世界就依旧是一片混沌。欧里庇得斯自认为是第一个清醒的人，他指责其他人是"醉醺醺"的诗人。

索福克勒斯曾言，埃斯库罗斯的创作虽无意识，但却"做对了事情"。然而，这并非欧里庇得斯的态度。在他看来，埃斯库罗斯正是因为无意识才创作出"错误的艺术"。

就连神圣的柏拉图在谈及诗歌灵感时，也常带有讽刺意味，认为那种无意识创作不过类似于占卜者与解梦者的灵感。真正的创作应源于清晰的理性判断。

欧里庇得斯试图展现理性艺术家的形象，与"非理智诗人"分庭抗礼。他的审美信条——"凡是清醒的，才是美的"，与苏格拉底的那句"凡是清醒的，才是善的"并行不悖。

因此，欧里庇得斯堪称"审美苏格拉底主义"的诗人，而苏格拉底就是那位与欧里庇得斯结盟、并不理解或尊重早期悲剧的"第二位观众"。他们联手，使得欧里庇得斯敢于成为一种新艺术的先驱。

倘若早期悲剧因之而覆灭，那么，"审美苏格拉底主义"便是那致其消亡的关键原则。鉴于它所针对的恰是酒神艺术的本质，我们可在苏格拉底身上觅得狄俄尼索斯的对立面——新的俄耳甫斯。他起身反抗狄俄尼索斯，尽管最终在雅典法庭的"酒神女伴"手中遭受肢解，却迫使那位强大的神祇再度逃亡——如同往昔躲避吕库尔戈斯一般，遁入那神秘且最终遍布全球的秘仪崇拜之海洋。

苏格拉底与欧里庇得斯在倾向方面的紧密关联，在当时并未逃过古人的察觉；而这种敏锐洞察力最有力的呈现，便是雅典流传的一则传说：苏格拉底时常在创作上给予欧里庇得斯助力。这两个名字常被"美好旧时光"的拥护者相提并论，尤其是在他们批判那些蛊惑民心的当代煽动者之时。他们认为，正是这些人的影响，致使马拉松时代那种体魄强健、身心健全的古老美德，逐渐堕落为一种可疑的"启蒙"，并伴随着身体与精神力量的衰退。

阿里斯托芬的喜剧，以半含愤怒半带轻蔑的口吻反复刻画这些人，令后世追随者深感困惑——他们虽乐于摒弃欧里庇得斯，却对苏格拉底在阿里斯托芬笔下以首个且最重要的诡辩家形象出现，作为一切诡辩行径的典范与集合体现身，感到极为费解。对此，他们所能寻得的唯一慰藉，便是将阿里斯托芬打入耻辱之列，称其为诗坛上放荡、虚伪的阿尔西比亚德斯。

在此，我暂且不为阿里斯托芬针对此类攻击所秉持的深刻本能进行辩护，而是继续从古代的感知出发，证实苏格拉底与欧里庇得斯之间的紧密联系。在这一方面，尤其值得提及的是：苏格拉底身为悲剧艺术的批评者，通常避免观看悲剧演出，唯有在欧里庇得斯的新剧上演之际，他才会现身于观众席。而最著名的证据源自德尔斐神谕的表述：苏格拉底被誉为"人类中最具智慧之人"，而欧里庇得斯则被评为"智慧竞赛中的第二名"。

在这份评比中，索福克勒斯位列第三：他自信地宣称，自己之所以"行事正确"，正是因为他"知晓何为正确之事"。显然，正是这种"清晰的自我认知"，将这三位人物共同标识为其所处时代的"有识之士"。

然而，针对知识和洞察力这种前所未有的高度重视，苏格拉底本人曾做出最为深刻的表述：他是唯一承认自己"无知"之人。当他在雅典展开批判性探寻，逐一与最伟大的政治家、演说家、诗人和艺术家交谈时，所目睹的皆是一副自以为"通晓一切"的姿态。他惊讶地发觉，那些声名远扬的人即便面对自身的专长领域，也缺乏真正清晰且确凿的认知，仅仅凭借本能行事。

"仅凭本能"——正是这一判断，触及了苏格拉底倾向的核心。他以此对现存的艺术与伦理进行批判。他察觉到理性洞察的缺失、幻觉的盛行，由此推断出现实本身的扭曲以及应受批判之处。基于此，他认为必须从根本上"修正存在"。于是，他以孤立个体之姿，带着轻蔑且优越的态度，作为一种全然不同于以往的文化、艺术与道德的先驱者，踏入这个世界——而我们若能有幸从他那里谦逊地获取一鳞半爪，便应深感庆幸。

这正是我们每当面对苏格拉底时始终萦绕不去的巨大疑

问，它不断激励我们去探究这一古代最为费解现象的意义与意图。他究竟是谁，竟敢独自否定"希腊本质"？那种以荷马、品达、埃斯库罗斯为代表，以菲迪亚斯为象征，以伯里克利为楷模，以皮提亚与狄俄尼索斯为化身，既深邃莫测又高不可攀的"希腊本质"？是何种魔鬼之力，竟敢将这杯魔药倾洒于尘土？是哪位半神，竟能让人类最伟大的精灵合唱队向他哀号："悲哉！悲哉！你以铁腕摧毁了这美丽的世界；它正在崩塌，正在瓦解！"

理解苏格拉底本质的一个关键要点，正是那个被称作"苏格拉底的精灵"的神秘现象：在某些关键时刻，当他强大的理智出现动摇时，便会有一个"神圣的声音"显现，给予他内在的支撑。这种声音的本质在于劝阻——它从不进行鼓励或主张，而总是起到"阻止"的作用。

在这种反常的天性之中，"本能的智慧"仅在少数时刻得以显现，并且仅限于对"有意识的认知"起到阻碍作用。然而，在所有具有创造力的人身上，恰恰是本能扮演着"肯定的创造性力量"的角色，而意识则发挥着"批判与限制"的作用。在苏格拉底身上却出现了反转：本能成为了"劝阻者"，而意识则成了"创造者"——这简直是一种由先天缺陷所导致的奇异扭曲！

我们甚至可以说，他身上潜藏着一种"非神秘主义者"的奇特倾向——如同神秘主义者的本能智慧那般强烈，只不过他的"逻辑冲动"也发展到了同样极端的程度。然而，这种逻辑冲动却从未对自身进行反思：在其无拘无束的肆意狂奔中，它释放出一种自然之力——这种震撼之感，唯有在最伟大的本能天才身上方可遇见。

若有人从柏拉图的著作中体悟到苏格拉底所具有的"神圣的纯真与内在的坚定"，便会觉察到，在苏格拉底背后，"逻辑苏格拉底主义"的巨轮正轰然前行，而苏格拉底本人仿佛是透过阴影感知到它的存在。他自身似乎也有此预感，这体现于他庄重、严肃的态度之中：即便面对法官，他也始终坚称自己是"神圣使命的承担者"。想要反驳他这一点近乎不可能；就如同赞同他对"本能"的否定一样困难。当他被带至希腊国家的法庭时，唯一合适的"判决形式"便是"驱逐"：作为一个完全神秘、难以归类之人，他本应被放逐，后世无权指责雅典人的这一决定。

然而，他被判的是死刑而非流放。这似乎正是苏格拉底本人的意愿，他以全然的理性和对死亡毫无本能恐惧的心态，主动促成了这一结局。他迈向死亡，恰似柏拉图笔下的他，作为最后一位离席者，在黎明的微光中离开酒宴，迎接新的一天。而在他身后，那些沉醉未醒的酒伴，仍斜躺在长凳与地板上，梦着苏格拉底——那个真正的"爱欲者"。

濒死的苏格拉底成为了高贵希腊青年前所未见的崭新理想；而典型的希腊青年柏拉图，则满怀热情地在这一形象面前顶礼膜拜。

现在，让我们设想苏格拉底那只巨大的"独眼"望向悲剧，那只从未闪现艺术激情之"神圣疯狂"的眼睛，那只无法坦然直视酒神深渊的清明之眼——在柏拉图称之为"伟大而受尊崇"的悲剧艺术中，它究竟能看到什么？

一些混乱且不合逻辑的事物：原因不明，结果不明，整体构造斑斓混沌，令头脑清醒者心生排斥，而对敏感者而言，却又有着危险的诱惑。我们知晓，他唯一能够真正理解并赞许的诗歌体裁是《伊索寓言》：这无疑是出于某种"理性妥协"的温和态度——正如盖勒特在《蜜蜂与母鸡的寓言》中所写：

"你看我，它有何用？

对那些缺乏智慧的人，

用图像去说明真理。"

但如今，苏格拉底似乎更进一步认为，悲剧甚至连"真理"都未曾言说，更遑论其面对的观众——并非"哲学家"，而是"缺乏智慧者"。这便是他远离悲剧的"双重理由"。

如同柏拉图，他将悲剧归为"谄媚之技艺"，只追求令人愉悦的内容而非有益的真理，故而要求门徒远离这类非哲学的刺激，严守克己之道。其影响之深远，以至于青年时期的柏拉图，竟将自己早年所写的悲剧诗稿付之一炬，以表明追随苏格拉底的决心。

然而，当不可战胜的天赋与苏格拉底的信条产生冲突时，这些信条的力量，加之那位伟大人物的影响，依旧强大到足以将"诗歌本身"推向一个崭新且前所未有的境地。

前文提及的柏拉图便是一个例证：他在谴责悲剧乃至整个艺术方面，无疑未落后于其老师的朴素犬儒主义，但他却出于完全的艺术必然性，不得不创造一种艺术形式，这种形式恰恰与现有的、被他拒绝的艺术形式存在内在联系。柏拉图对早期艺术的主要指责——即它模仿幻象，因此属于比经验世界更低级的领域——首先并不适用于新的艺术作品。于是，我们看到柏拉图努力超越现实，描绘那种伪现实背后所依赖的理念。然而，思想家柏拉图却以迂回的方式，抵达了他作为诗人一直以来的归宿，而索福克勒斯和整个早期艺术也正是在那里庄严地反驳了这种指责。

倘若悲剧吸纳了所有早期的艺术种类，那么柏拉图式对话同样如此，它在某种特殊意义上，通过混合所有现有风格和形式而产生，悬浮于叙事、抒情、戏剧、散文与诗歌之间，进而打破了早期统一语言形式的严格法则。犬儒主义作家更进一步，他们在散文与韵律之间摇摆不定，凭借最为丰富的风格多样性，也因此塑造出了"狂暴的苏格拉底"这一文学形象，且他们惯于在生活中扮演这种形象。柏拉图式对话宛如一艘船，沉船的早期诗歌及其所有衍生作品都在这艘船上得以幸存：它们被挤压在狭小的空间里，惶恐地服从于唯一的舵手苏格拉底，驶向一个从未对这种奇幻场面感到厌倦的新世界。

的确，对于后世而言，柏拉图提供了一种新艺术形式的范本，即小说的原型：小说可被称作无限延展的《伊索寓言》，在其中，诗歌与辩证哲学的关系类似于长期以来哲学与神学之间的关系：即诗歌沦为"侍女"。这正是诗歌在恶魔般的苏格拉底的压力下，被柏拉图推入的新地位。

在此处，哲学思想超越了艺术范畴，迫使艺术紧密依附于辩证法的脉络。日神倾向已然蜕变为逻辑图式，类似现象我们曾于欧里庇得斯处有所察见，此外，酒神精神也发生了向符合自然情感的转变。柏拉图戏剧中那位辩证英雄苏格拉底，使我们忆起欧里庇得斯笔下英雄与之相似的本性：他们须凭借论证与反驳为自身行为辩解，故而时常面临失去我们悲剧性同情的风险。毕竟，谁能无视辩证法本质里的乐观主义成分呢？它在每一个结论中都欢庆自身的胜利，仅能在冷静的清晰与自觉氛围中存续。正是这种乐观主义渗入悲剧领域，逐渐侵蚀其酒神内核，不可避免地将其推向自我毁灭之途——直至最终落入市民剧的消亡境地。

我们只需思索苏格拉底命题的逻辑推导："美德即知识；人唯有因无知而犯罪；有美德者即幸福者"。在这三种乐观主义的基本形态中，已然埋藏下悲剧的覆灭种子。自此以后，有美德的英雄必须成为辩证家；此刻，美德与知识、信仰与道德之间必定存在一种必然且可理解的关联；如今，埃斯库罗斯所构建的那种超越性的正义解决之道，被贬斥为"诗意正义"这般平庸且厚颜的原则，其惯用手段便是"机械降神"。

面对这一全新的、苏格拉底式的乐观主义舞台世界，合唱队以及整个悲剧的音乐——酒神根基呈现出何种样态？它们仿佛是某种偶然的存在，是对悲剧起源可有可无的追忆；然而我们早已明晰，合唱队仅能被视作悲剧及悲剧性本身的根源。早在索福克勒斯时期，合唱队地位的尴尬状况便已显现——这是一个关键信号，标志着悲剧的酒神根基在彼时已开始瓦解。他大胆地将合唱队作为行动伙伴、作为演员引入舞台，赋予其全新功能，可说是将其从管弦乐团引入舞台之上。此举固然彻底破坏了合唱队的本质，尽管亚里士多德恰恰支持此种对合唱队的理解方式。索福克勒斯通过实践，并依据传统甚至借助专著所倡导的合唱队位置变动，实则是摧毁合唱队的开端；其后续进程，在欧里庇得斯、阿伽同及新喜剧中相继迅速推进。乐观的辩证法以其三段论的鞭策，将音乐从悲剧中驱逐出去，即它摧毁了悲剧的本质，而悲剧本质上仅能被理解为酒神状态的直观呈现，是音乐的象征，是酒神狂喜的梦境天地。

倘若如此，我们甚至应当假定，在苏格拉底之前便已存在某种反酒神倾向，这种倾向只是借由他获得了前所未有的显著表达。那么我们难以回避的问题是，苏格拉底这般人物究竟预示着什么？因为我们在面对柏拉图的《对话录》时，无法仅仅将他理解为一种消解性、破坏性的力量。并且，正如苏格拉底冲动的最直接后果是致使酒神悲剧解体，苏格拉底本人对生命的深刻体悟也促使我们追问：苏格拉底主义与艺术之间是否必然仅存在对立关系？"艺术性的苏格拉底"是否本身便是一个矛盾概念？

这位专断的逻辑学家，在面对艺术时，偶尔会察觉到一种缺失、一种空虚，心怀半是责备、半是被遗忘的责任感。他曾在狱中告知友人，自己反复梦到相同情景，梦中总有一个声音说："苏格拉底，去从事音乐！"直至临终之际，他仍坚信自己的哲学是最高的缪斯艺术，不信神明会劝他从事那种"庸俗的、流行的音乐"。最终，在狱中，为彻底解除良心上的负担，他也开始投身那些曾被自己轻视的音乐活动。他创作了一首献给阿波罗的序曲，并将若干伊索寓言改写成诗。

这仿佛是一个魔鬼般的警示之声，敦促他进行此类练习。是他日神式的洞察力，让他意识到自己仿佛如一个野蛮国王般，不解一尊高贵神像的意义，面临因无知而亵渎神灵的风险。苏格拉底梦中的这句话，是唯一显示他对自身逻辑天性的局限性有所怀疑的线索。他必须自问："或许，我无法理解的事物，并不意味着它不合理？或许，存在一个逻辑学家被拒之门外的智慧领域？或许，艺术甚至是科学的一种必要补充？"

正是在这些终极预感的问题意识之下，我们必须最终阐明：苏格拉底的影响，自其所处时代起，直至未来，如何如夕阳下的影子般渐次拉长，笼罩整个后世，又是如何一次次促使艺术——尤其是形而上学意义上最广阔、最深远的艺术重获新生。也正因这种影响的无限性，艺术自身的无限性才得以确立。

在我们切实领悟到这一点之前，在每种艺术形式对希腊人——即从荷马至苏格拉底时期的希腊人——的内在依存性被确凿证明之前，我们对这些希腊人的态度，恰似雅典人对待苏格拉底的态度。几乎每个时代与文明阶段，皆曾满怀强烈不满，试图摆脱希腊人的影响。因为在他们面前，一切自称为成就的事物，一切看似原创且令人由衷钦佩的成果，瞬间便会失去光彩与生机，沦为失败的摹本，甚至成为滑稽的仿作。故而，对这个傲慢民族的愤恨时常爆发，他们竟始终将非本土之物称作"野蛮"。人们不禁发问：他们究竟是谁？一个仅有短暂历史光辉、制度荒谬狭隘、道德美德存疑，甚至不乏丑陋恶习的民族，却要求在各民族中享有独特的尊严与地位，那是唯有天才才配享有的荣耀。遗憾的是，没有哪种毒药能轻易消除这种存在。因为由嫉妒、诽谤与愤恨提炼出的毒素，皆不足以摧毁那种自足的光辉。于是，人们对希腊人既感羞愧又心怀恐惧。除非有人将真理置于首位，并敢于承认：希腊人掌控着我们与所有文化的命脉。而马车与骏马的材质往往欠佳，配不上他们荣耀的引领者。于是，他们宁愿将这支马队驱入深渊，权当一场玩笑，而他们自身，则如阿喀琉斯般纵身一跃，似彩虹般绚丽，轻盈地跃过深渊。

为证实苏格拉底的这种领导地位，只需承认他身上呈现出一种前所未有的存在类型，即"理论人"的类型。理解其意义与目标，乃是我们的最终使命。理论人对现存事物的满足，与艺术家无异，也正是这份满足，使他免受悲观主义实用伦理及其在黑暗中闪烁的锐利目光的影响。因为倘若艺术家每次揭示真理时，总是痴迷地凝视揭示之后仍被遮蔽的部分，那么理论人则满足于已被揭示的部分，并将自身最大的乐趣建立在不断揭示的成功之上。倘若科学仅满足于那位裸露的女神，而无其他目标，那么科学自身也就终结了。

因为那样的话，科学家便会如同那些试图在地球中央打洞的人：每个人都清楚，即便付出毕生最大的努力，也只能挖掘出极小的深度，而这一小段又会被后来的工作所覆盖，直至第三人干脆另选一处重新挖掘。若此时有人证明，这种直接路径无法达成目标，谁还会愿意继续在旧坑中劳作呢？除非他满足于在此过程中发现某些矿石或自然法则。因此，最为真诚的理论人莱辛敢于宣称：他更在意寻求真理，而非真理本身。这番言论令科学家震惊乃至恼怒，却恰恰揭示了科学的终极奥秘。

然而，在这种孤立的认知之外，还存在一种更深层次的错觉——若非说是傲慢的话——它最初在苏格拉底身上显现：那种坚定不移的信念，认为思维能够沿着因果链条深入存在的底层，并且，思维不仅能够认识存在，甚至能够纠正存在。这种崇高的形而上学错觉，作为一种本能，附着于科学之上，并一次次将其带向极限，在那里它必须转化为艺术，因为这正是这一机制的真正归宿。

如今，让我们用思想的火炬来审视苏格拉底：他作为第一个不仅因科学本能而生，也因科学本能而死的人展现在我们眼前。因此，垂死的苏格拉底这一形象——那位凭借知识与理性战胜死亡恐惧的人——成为了科学殿堂入口的标志，警示着每一个人，科学的使命在于使存在变得可理解，从而显得合理；而为了实现这一目标，即便理性本身不足以完成任务，最终也必须借助神话。我刚才甚至将神话称作科学的必然产物，乃至其终极目的。

设想在科学的神秘导师苏格拉底之后，各类哲学流派如波涛般相继涌现，知识以前所未有的普遍性，于整个文明世界迅速传播，并成为每一位天赋出众之人的真正使命，促使科学向深海拓展。自此以后，科学再未被完全逐出人类精神的海洋；正是凭借这种普遍性，一张思想的共同网络覆盖了整个地球，甚至延伸至对太阳系法则的展望。若有人能将这一切以及当今令人惊叹的知识金字塔尽收眼底，就不得不承认苏格拉底是所谓世界历史的一个转折点和旋涡。因为，试想一下，倘若用于实现这一普遍精神倾向的巨大能量，并非投入认知活动，而是服务于民族和个人自私、现实的目标，那么，在连年不断的毁灭性战争和迁徙浪潮中，对生存的本能欲望就有可能枯竭，以至于个体甚至会习惯性地走向自我毁灭，那将是一种出于怜悯的实践悲观主义，或许还会发展出一种可怖的种族灭绝伦理——这种伦理在世界各地可能会频繁出现，倘若艺术未能以某种形式，尤其是宗教或科学的形式出现，为人类提供应对那种绝望氛围的解药。

面对这种实践的悲观主义，苏格拉底成为理论乐观主义的典范。他凭借对事物本性可被认知的信念，赋予知识和理性以万能解药的功效，并在错误中识别邪恶本身。在他看来，辨别真实知识，将其从幻想与谬误中剥离出来，是最崇高的，甚至是人类唯一真正的使命。从苏格拉底起，概念、判断、推理等认知机制被尊为人类最高贵的活动和最令人钦佩的自然天赋，凌驾于其他一切能力之上。即便最崇高的道德行为，如同情、牺牲、英雄主义的冲动，或阿波罗式希腊人所称的"索弗洛绪涅"（理智节制、灵魂平衡），也都被苏格拉底及其追随者们阐释为知识的必然推导，因而被视为可以传授的。

谁若亲身经历过苏格拉底式的认知快感，并深切体会到这种乐趣如何伸展触角，以求涵盖整个现象世界，那么在其生命中，将不会有比完成这场认知征服、织就一张牢不可破的知识之网更强烈的生存动力。对这样的人而言，柏拉图笔下的苏格拉底便成为一种崭新形式的"希腊之乐"与生命福音的传播者，这种新形式渴望通过行动得以释放，并最终通过天才的涌现而结出硕果，尤其体现在他对高贵青年的苏格拉底式问答和启发式教育中。

然而，科学如今在强大幻象的驱动下奔向其极限。在那里，潜藏于逻辑本质中的乐观主义破灭了。因为在认知之圆的边缘，存在无数个难以预测如何被完全丈量的界点，天赋出众的人们在生命中途不可避免地会抵达这些点。他们在此惊恐地发现：逻辑原本应引导他们，但此时却在边缘徘徊，最终自相矛盾。这时，一种新的认知形式凸显出来，那便是"悲剧性认知"——为了使其能够被人承受，它需要借助艺术作为庇护与疗愈的场所。

现在，就让我们以受希腊精神滋养而日益敏锐的目光，去审视这个环绕我们的世界之巅吧——我们看到苏格拉底身上所呈现出的那种永不满足的认知渴望，最终转化为一种悲剧式的顺从与对艺术的渴求。尽管在其较低阶段，这种认知冲动确实表现为对艺术的敌意，特别是对酒神式的悲剧艺术的强烈抵触——正如苏格拉底主义对埃斯库罗斯悲剧所表现出的对抗态度清晰地表明的那样。

如今，我们满怀激动地叩响现在与未来的大门：这场

"转化"是否会促使新的天才类型不断诞生，尤其是那种"从事音乐的苏格拉底"？艺术之网，究竟是会在宗教或科学的名义下愈发坚实与精密？抑或它注定会在今日所谓"当下"的不安冲动与纷乱漩涡中被撕裂？——我们暂且驻足一旁，既忧虑又不失希望，作为那些被允许见证这场伟大斗争与转型的目击者。唉，这斗争的魅力正在于：谁一旦成为它的见证者，谁便注定也要成为其中的参与者！

***

我试图说服你们每个人不要更多考虑实际利益，
而要更多地关心心灵的安宁和道德的完善，
更多地考虑国家利益和其他公众利益。

*